JN439947

오선 위의 넋이어라 그대의 자화상은

오선 위의 넋이어라 그대의 자화상은

초판 1쇄 인쇄 | 2024년 10월 28일
지은이 | 이영자
펴낸이 | 이재욱(필명:이승훈)
펴낸곳 | 해드림출판사
주 소 | 서울 영등포구 경인로82길 3-4(문래동1가 39)
센터플러스빌딩 1004호(07371)
전 화 | 02-2612-5552
팩 스 | 02-2688-5568
E-mail | jlee5059@hanmail.net

등록번호 제2013-000076
등록일자 2008년 9월 29일

ISBN 979-11-5634-597-8

내가 받은 사랑의 편지 I

오선 위의 넋이어라

그대의 자화상은

이영자

해드림출판사

책머리에

그대의 전쟁이 너무도 순수할 땐
천사가 그대의 뒤를 맡아 싸워 주리다
-라이너마리아 릴케-

일제 강점기 강원도의 벽촌에서 산과 구름과 논두렁 풀 냄새 속에서 나는 자랐다. 여름에는 뽕나무 가지 위에 올라서 입술이 퍼렇도록 열매를 따먹고 가을이면 금빛 벼 이삭을 헤치고 온종일 메뚜기를 잡으며 미지의 하늘 아래의 꿈을 키웠다.

대관령만 넘으면 바다가 보인다는데….

바다를 지척에 둔 평창 산속 마을에서 냇물에 발 담그고 얼마나 큰 바다일까 꿈을 좇았다.

열 살이 되던 해 일본인 교사의 가르침으로 피아노 앞에… 그것도 커다란 학교 그랜드 피아노 앞에 앉아서 음악 공부를 시작하였다.

풍각쟁이 된다고 매일 야단맞던 시절이었다. 그리고 8·15를 맞고, 스승은 돌아가고, 6·25를 맞고….

그리고 밀물에 밀리듯이 남으로 남으로 밀려 부산까지 피난 가서 처음으로 바다를 보았다.

그때부터 벼 이삭 줍듯 음악의 밭고랑에 서서 내 삶에 오직 음악의 씨를 뿌리기 시작했다.

그 시절 어느 날 나는 역학 책을 펴신 부친 옆에서 내 앞날을 봐 달라고 졸랐다. 역마살이 많아서 멀리 시집가고, 또 멀리 보따리 싸 들고 헤맨다고 했다. 가난했지만 마음은 넘치도록 풍성했던 그 시절 나는 흰 종이에 오선을 그어 가면서 작곡 공부를 하며 대학을 졸업했다. 그리고 어느 날 나는 비행기를 탔다.

일본, 홍콩, 방콕, 테헤란, 로마, 그리고 파리… 프로펠러 비행기를 타고 48시간 만에 하늘을 날아 파리에 첫발을 디디면서부터 나의 역마살의 인생 여정은 정말로 시작되었다.

그리고 또 어느 날 파리의 센 강가에 있는 미국 교회에서 나는 풋내기 외교관에게 시집을 갔다.

그리고 미국, 벨기에 아프리카, 인도네시아, 네덜란드 또다시 파리로 돌아왔을 땐 어언- 나는 반세기를 음악의 보따리를 들고 세 딸을 끼고 아내의 자리에 선 채 인생의 황혼의 길목에 서 있는 것이다.

그동안 많은 사랑하는 사람들에게서 짧고, 길고, 연하고, 진하고, 때로는 넋두리 같고 때로는 진주알 같은 글을 받았다. 어느 때부터인가 그 글이 내 삶의 기둥이 되고 소중한 보물이 된 것을 느끼는 것이다. 그 글들은 나를 언제나 윤나게 해 주었고 힘을 주었고 용기와 희망과 삶의 보람을 준 것이다. 회의를 느낄 때 좌절에 빠질 때 끝없는 희망과 삶의 보람을 준 것이다. 끝없는 슬픔의 수렁에서 방황할 때 나는 다시 그 글을 찾아서 되읽곤 하였다.

그리고 어느 날 갑자기-

나는 아무 이유도 없이 그 사랑의 편지들을 모두에게 보여주고 싶어진 것이다. 내 삶에 그들의 글이 없었다면 아마도 오늘의 나는 없었을 것이다. 내 음악 속에 이렇듯 충만한 영혼을 쏟게 해 준 이 사랑의 글을 우리 모두에게 나누어 주고 싶은 것이다.

또한

그들은 계속 나의 천사가 되어 내 순수한 남은 삶의 싸움을 맡아 싸워줄 것이다.

지난해 가을부터 몇십 년 동안 끌고 다닌 먼지 소복한 내 서고에서 색깔이 바랜 편지를 찾았다.

가으내 겨우내 그리고 목련이 지고 개나리, 진달래 질 때까지 쉬지 않고 원고지에 옮기고 교정을 보았다.

이 책이 나오게 될 때까지 정성 쏟아 준 제자 조혜원에게 뜨거운 사랑과 감사를 주고 싶다.

아울러 애써주신 수문당의 박왕식 사장님께도 깊은 감사를 드린다.

1991년 5월에

이영자

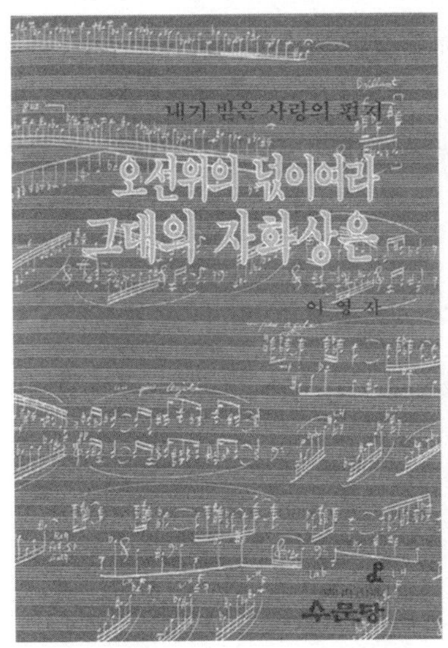

2024 증보판 책머리에

1991년에…

많은 세월을 외국에서 살며 나눈 사랑의 글을 모아 이순(耳順) 기념이라고 제자들이 책을 내주었다. 이름하여 '오선 위의 넋이어라 그대의 자화상은'

그때부터 서른 해 넘게 세월 가고 나는 아흔 살 문지방을 넘었다. 지금 하늘 가까운 길목에서 증보판 내는 축복에 부끄럽고 고마움에 감동의 눈물 쏟는다.

하늘이 주신 천복 같은 삶의 끝자락에서 풍성하고 충만한 사랑에 고개 숙여 감사와 축복의 절을 올리고 싶다. 이제 남은 날을 이 목숨 다하여 나의 아쟁 음악 '그중에 제일은 사랑이라'의 Ⅱ악장, Ⅲ악장 쓰며 가고 싶다.

지난해 가으내 겨우내 오늘까지 먼지 쌓인 서고에서 찾아낸 옛이야기들을 또 하나의 사랑으로 엮어 준 제자 한혜리 교수와 아름다운 영혼의 장으로 출판해 주신 해드림 출판사의 이승훈 사장님께 고마운 인사를 드린다.

차례

책머리에 4
2024 증보판 책머리에 8
책을 맺으면서 282

I. 방황하는 영혼을 위한 애잔한 노래

란에게	낮에 영	18
란!	영	20
마음마저 가라앉은	玲	24
란!	玲	28
Dear Grace	아침에 엄마가	32
장 교장님	대전 Expo, ACL. YoungJa Lee	34
난이에게	엄마	38
사랑하는 준영에게	엄마가	40
둘째 딸 은미에게	서울에서 에미가	45
Grace et June	엄마가	50
한국문화예술진흥원 귀하	이영자 YoungJa lee	52
June!!	Maman	57
Chère 선영!	준영 어머니	59
사랑하는 제자들에게	Young Ja Lee 5월 8일에	60
김남조 선생님께	이영자	62
초대합니다	2023. 11. 4. YoungJa lee	65
김성진 단장님	YoungJa Lee	66

윤금희 교수님	YoungJa Lee	67
제5회 구름카페 문학상	이영자	71
김남조 선생님께	이영자	73
Dear 윤금희 교수	춘여고 선배 이영자	75
축하의 글	이영자	76
전쟁의 한복판에서 뮤즈를 만나다	스승 나운영을 기리며 프로그램 서문 이영자	77
2023. 봄	이영자	82
백건우 선생님	작곡하는 이영자	84
불굴의 의지로 아름답게 승화한 작곡가 이영자	한혜리	85

II. 2015년 정월 Paris 반세기 추억 더듬기 (1월 31일~2월 23일)

1월 31일~2월 10일	91
김남조 교수님 10일 밤	98
2월 13일 윤 교수님 Paris에서 문안드립니다	100
2월 12일~2월 23일	102

III. Paris, Bruxelles, Seoul_1959~1976

영에게	제네바에서 우석	118
옛 벗 영에게	sallzburg 옛 벗 공광덕이가	121
안녕하십니까?	나운영	123

이 선생 김재홍 125
이 선생 김재홍 드림 127
英子 선생 김재홍 128
큰언니에게 서울에서 소영 에미가 129
Dear 영자에게 신재덕 131
이 선생 김재홍 133
선생님께 김혜경 올림 134
英 선생님께 인천에서 김혜경 올림 137
난이 엄마에게 장애종 140
선생님! 유명혜 141

IV. Abidjan에서 Yamoussoukro 대통령궁까지 바나나밭을 누비며 가다_1977~1980

선생님 혜리 드림 145
이영자 선생님께! 제자 박재은 올림 147
선생님께 제자 박정희 드림 150
Très Chère Madame! 성두영 151
뵙고 싶은 선생님 신수정 올림 152
오랜만입니다 김재홍 드림 154
이영자 선생께 기내에서 이성재 155
선생님 혜리 드림 156
英子 先生! 김재홍 158
Très chère Madame Han 성두영 159
선생님 멀리서 제자 은애가 드립니다 161

선생님 보세요	서울대에서 최기순 올림	162
이영자 선생님께 올립니다	김홍인 올림	164
선생님 보십시오	재은 드림	165
이영자 교수님께	경희대학교 정순영 드림	167
선생님 안녕하세요!	제자 종숙 올림	169
선생님	혜리 드림	171
이번 학기도 이제 끝나가요	진정숙 올림	173
이 선생님께	브뤼셀에서 성희 드림	175

Ⅴ. Iwan Thilda의 Batik dress 입고_1981

무수한 시간을…	나효신 올림	179
선생님께	한경수 올림	181
선생님께	희정 올림	182
친애하는 이 교수님께	홍숙자 드림	185
이제 시험도 모두 끝나고	나효신 올림	186
선생님께	윤혜원 올림	188
이 선생님	오숙경 올림	190
사모님 귀하	장학도 올림	192
보고 싶은 언니께	뉴욕에서 정자가	193
존경하는 선생님께	희정 올림	195
뵙고 싶은 선생님	한경수 올림	197
선생님	혜리 올림	199
우선 아이스크림을 하나 물고	효신 올림	201
선생님께	조혜원 올림	203

이영자 교수님께 성희 드림 206
백지에 붉은 선을 긋고 효신 올림 208
선생님께 올립니다 김홍인 올림 210
선생님께 김효원 올림 212
그동안 안녕하셨어요? 조은순 올림 214
英子 先生 서울에서 김재홍 드림 216
사모님! Mrs. 윤 드림 218
제목마저 알 듯 말 듯한 나효신 올림 221
선생님 이정미 드림 223
오빠 언니 그동안 안녕하셨어요? 제네바에서 돈자 올림 225
영! 인화가 227

VI. JAVA 섬에서_1982

큰고모께 박은희 드림 231
선생님 혜리 드림 233
사랑하옵는(감히) 선생님께 Love 황현숙 드림 235
선생님 혜리 드림 237
이영자 선생님 귀하 이상인 올림 239
선생님! 송미경 드림 240
뵙고 싶은 선생님께 한경수 올림 241
선생님! 혜리 올림 242
이영자 선생님께 변희정 올림 244
선생님께 혜리 드림 247
존경하는 이 선생님께 드립니다 선생님을 사랑하는 이찬해 드림 248

지난 밤새	효신 올림	250
보고 싶은 이 선생님께	제자 은애 드림	252
뵙고 싶은 아빠 엄마 보세요	서울에서 난이 올림	255
존경하옵는 이 선생님께	서울에서 경선 올림	257
선생님	홍나미 드림	259
英子 先生	김재홍	261
고모님께	중 3의 이재상 올림	262
이 교수님께	조성희 드림	264
선생님께	채미경 올림	266
서울: 바람도 습기도 없는	효신 드림	268
선생님 안녕하세요	제자 종숙 올림	270
이영자 선생님	서울에서 황병기 올림	272
선생님 그동안 안녕하셨습니까?	재은 올림	273
선생님께	유인선 올림	275
뵙고 싶은 선생님께	한경수 드림	277
이영자 선생님께	뉴욕에서 최정희 올림	279

I

방황하는 영혼을 위한
애잔한 노래

란에게

_1952. 9. 26.

지금 낮 두 시… 졸음을 참고 천막 친 교실에서 이 글을 쓰고 있어.

흙바닥에 놓인 판자 의자가 너무 얕아서 내 플레어스커트는 온통 흙가루에 세계 지도를 그린 것 같아… 그래도 또 툭툭 털고 일어서면 그런대로 대충 털리거든?

어제, 밤에는 꼬박 마루에 앉아 단 1분도 눈을 안 부치고 작곡을 했어. 이렇게 꼬박 새워 보기는 처음이었어… 어제, 밤 10시부터 아침 6시 반까지… 며칠 전부터 착수한 조곡을 만들려고… To Spring이란 것을 새벽 3시에 마쳤고 Romance란 곡을 3시부터 시작하며 반까지 쓰니까 날이 훤하여 여관 손님들이 세수하러 나오기에 나도 들어갈 곳이 없어 오선지를 들고 부엌으로 들어가 사과 궤짝 위에 걸터앉아 6시 반에 끝마쳤어… 내 얼이 송두리째 쏟아져 멍하게 바보가 된 것 같아.

9시부터 나 선생님의 레슨 시간이었어. 밤새워 만든 두 곡과 며칠 전에 만든 바이올린 곡을 보여서 야단 듣고 칭찬 듣고 범벅이 되어 나왔어. 선생님이 가신 뒤에 다시 그 방에 가서 내 작곡을 피아노로 연습했지만 잠도 오고 배도 고프고 해서 언덕 아래 식당 가서 실컷 먹고 와서 지금 이렇게 졸고 있는 거야.

잠을 좀 실컷 자보고 싶은 게 소원이야 그런데 잠들기 전에 오선이나 그어놔야 또 작곡하지. 작곡인지 잡곡인지 이젠 도무지 오선지를 당해낼 수가 없어. 한 장에 천 환짜리 도저히 살 수가 없어 이젠 줄을 긋는 판이야… 따분한 신세, 인화가 오선지를 많이 대 주지만… 너무 쉬 없어지니까 미안도 하고 당할 수도 없고 미완성인 곡이 많은 데다 새로 받은 숙제가 많으니 오늘 밤에 독한 커피나 마시고 또 늦게까지 해야지.

이런 삶을 계속해서 무엇하며 또 무엇이 될 것이지… 작곡하는 사람은 한평생 잠 못 잔다는 나 선생님 말씀이 꼭 맞아. 지금 나의 가장 큰 원은 피아노보다도 오선지야, 하루에 몇십 장씩 썼다가는 찢었다 꼭 미친 사람 같은 영에게 산더미 같은 오선지가 있다면 줄을 긋느라고 시간 낭비도 안 할 텐데…

뇌염이 발생했다고 경기여중이 놀아서 학교 안 가는 정자를 시켰더니 선이 고르지 않아 넓었다 좁았다 괴상한 오선지가 되어서 거기다 대가리 그리자니 힘이 더 들고… 그래서 내 친구는 나만 보면 이다음에 부호와 결혼을 해야만 계속 공부하기 좋다 하지만 그것도 팔자겠지 뭐…

란! 졸리다. 오선이고 뭐고… 자고 싶다. 그런데 왜 란에게선 소식이 없을까. 날마다 목을 빼고 기다리는 란의 글은 왜 이렇게 오기가 힘이 들까. 지금쯤은 파아란 잎이 노랗게 물들어 바람에 날려 떨어질 텐데… 그 나뭇잎이나 밟고 가을을 가슴 속 깊이 느끼며 생각에 잠기고 싶어… 지금쯤 그러고 있는 란이가 아닌지…

란! 너를 못 본 지 삼 년이 지났으니 보고 싶은 란이!

낮에 영

란!

_1952. 11. 16.

음악이란 도대체 무엇일까! 음악의 정의를 어떻게 설명해야 할까. 나는 모르겠다. 천재만이 알 수 있다는 것… 그렇게도 생각해 보았지만… 그러나 또 아무나 다 하면 된다는 것은 절대 아니야…

어느 정도 음악적인 소질과 노력이 있으면 어느 단계까지는 가지 않을까… 어제 송도에서 예술대학 주최의 콩쿠르가 있었다. 나는 시간이 늦어서 피아노 부문을 듣지는 못했다. 그러나 그곳에서 만난 친구 정주는 나를 보자마자 말도 못 하고 떨면서 너무나 피아노를 잘 치는 남학생이 있다고 얘기해 주었어.

그런데 오늘 낮에 극장에서 그 기가 막힌 피아니스트 남학생을 보았을 때 나는 주위 사람들도 잊고 큰소리를 쳤어. 막이 오르면서 나온 어린 남학생(경복중학교 3학년)이 내가 아는 학생이었다는 것. 더구나 강원도 출신이라는 것… 분명히 그때는 초등학교 오학년쯤 되었을 때였어. 춘천국민학교의 음악 선생님으로 잠깐 계셨던 최 선생님(반주를 잘하셨는데 피아노 치시는 것이 꼭 졸고 있는 것 같다고 우리가 놀렸지) 동생이었어. 그땐 홍천에 있다가 나중엔 강릉으로 가셨는데… 그 당시 여학교에도 가끔 오셨었고 나를 찾아 주셨어… 그 동생을 피아노를 시키신다고 무척 애쓰셨지.

언젠가 가을이었어.

비가 죽죽 내리던 날 내가 5학년이었을 거야. 구혜영 집에서 시험 공부 한다고 혜영이와 둘이서 책을 펴 놓고 공부하다가 빗소리를 들으며 노래를 부르다가 Radio를 켰더니 때마침 피아노곡이 나오고 있었어…

베토벤의 쏘나타 15번 op49의 2를 연주하는 어린 학생… 그리고 그 형님의 연주로 쇼팽의 빗방울 전주곡…

나는 그대로 책을 내던지고 빗속을 뛰어나갔어. 단숨에 뛰어서 방송국 언덕에 왔을 땐 이미 방송을 마치고 나와서 걸어가는 그 선생님과 소년을 멀리서 보고 돌아왔어… 그의 연주가 기가 막히게 잘해서가 아니라 음악을 공부하기에는 너무나 힘든 그 시골에 그런 소년이 있다는 것이 무척 반가웠어.

그 후 그는 강릉으로 가 버렸지. 이따금 씩 그 선생님이 춘천에 오시면 꼭 나를 찾아주셨고 그때 그 선생님은 그 소년이 초등학교만 마치면 서울로 가시겠다며 동생을 위해 무척 애쓰시는 것 같았어.

그러자 6·25… 일 년 전 가을 어느 날 이화여중의 음악회 날 우연히 이 선생님을 만났어… 그때 문득 동생 생각이 나서 물었더니 피아노 공부를 한다고 하셨다.

오늘 밤… 나는 정말 놀랐다. 콩쿠르에서 단연 일등을 한 학생이 그 소년임을 알았을 때 나는 정말 어쩔 줄을 몰랐어. 기쁨과 슬픔이 한꺼번에 섞여서 울며 웃으며 했어. 옆에 있는 정주가 나보다 더 놀랐어.

정말 오늘의 그의 연주를 듣고 나는 그를 천재라고 말하고 싶었다. 숨어있는 천재라고, 임 선생님이 다 놀라셨어. 쇼팽의 발라드… 내가 올여름에 공부한 발라드가 아니고 그 곡보다 다 어려운 발라드였어.

란! 노력이야… 어느 정도 소질만 있다면, 그 형님으로 인한 그의 노력을 가히 짐작할 수가 있었어… 중앙지에서 10년이나 피아노를 했고 다섯 번이나 콩쿠르에 나왔다고 한때 유명하던 여학생들 앞에 이름도 없이 시골에 파묻혀 있던 무명의 소년이 그들을 훨씬 뒤로 떠밀고 나섰어…

란! 나는 너무나 기뻤어. 눈물이 나도록 기뻤다고. 시골 사람이라고 언제나 밑으로 보려는 이들에게 좋은 표본이 되었으리라…

그의 테크닉은 기성 피아니스트를 능가하였고 그의 음악적인 센스는 너무나 풍부했어.

달도 없고 별도 드문드문 차운 밤길을 걸어오면서 나는 그 소년을 위해 기도 드렸다. 나는 무엇을 하고 있는지 모르겠다. 그리고 또 하나. 바이올린을 2등 한 소녀가 있었다.

대구에서 왔다는데 컨디션이 나빠서 2등을 했는지 1등에게 지는 것 같지 않았어. 1등은 임 선생님 제자인 이화여중 4년생이지만 대구에서 온 소녀는 5학년이라는데 아주 어리고 작고…

그런데도 그의 연주란 너무나 표현에 강하고 튼튼했어. 멘델스존의 바이올린 협주곡이었는데 부드러운 음색과 기막힌 정열이 아주 많이 돋보였어. 흔들리기 쉬운 내 마음의 축을 잃은 거야… 그러나 너무나 충만한 행복감을 느끼었어.

란! 나는 내 음악 세계를 생각해 봤다. 내 음악이 얼마나 빈곤한가 생각했지만 나는 내 생명이 계속하는 한 꼭 하고야 말거야. 내일 죽는 한이 있더라도 내 공부에 충실해 볼래. 나만이 가질 수 있는 그 무엇을 위해서도…

란! 한번 부산에 다녀가면 안 될까?

원주에서 기차만 타고 밤새 달려 날이 새면 부산이라는데 나 사는 곳이 부산이어도 대신동 맨 끝의 산 밑이어서 꼭 시골과 같다. 영주동 가야여관의 단칸방에 온 가족이 붙어살 때 비하면 천국이야.

벼락으로 지은 이 집은 아직 주소도 없는 하꼬방 같은 집이지만 내 방이라고 갖고 있거든.

내 방 창을 열면 멀리 바다가 보이고 해 뜨는 날 그 바다 끝엔 대마도가 보인다. 이곳에서 얼마 동안 쉬었다 가면 어때… 개미지옥 같은 부산의 인간 지옥도 좀 보고.

이달 말일엔 또 월례음악회가 있어. 그때 발표할 곡 만드느라 좀 바빠… 게다가 나운영 선생님의 작곡발표회가 있거든.

그래도… 나를 위해서 한번 와 주었으면. 꿈 같은 바람일까?

잘 있어.

마음마저 가라앉은

_1953.06.06

마음마저 가라앉은 우울한 每日에 장마는 웬일인지…

어제오늘 비도 왔지만, 몸의 condition도 나쁘기에 학업도 쉬고. 움직이시지도 못하고 누워 계신 骨と皮だらけの 어머님 곁에서 잠만 잤어…

原州의 消息이라곤 기다리기도 지쳐졌고 이따금 美國에서 던진 貞珠(오정주)의 글만 기다리고 있는 나의 每日이다. 近 二個月 어머님 病患에 學校를 쉬었더니 요사인 너무 긴장한 每日이어서 갑자기 피로가 온 모양이다. 多幸히 學点엔 겨우 지장을 免했으니까… 工夫해야 할 一年인데 二個月이 그대로 갔다. 한동안 希望 없다는 어머님을 病院 入院室에서 갖은 약을 다 썼더니 이제 겨우 제 精神으로 돌아오셔서 近 十日 前에 退원했다. 아직도 全身을 움직이지도 못하고 누워서 모-든 것을 다 하신다. 헛소리 안 하시는 것만 해도 마음이 가벼워진다. 아직도 完快하시긴 四, 五個月이 걸리신다고…

핑계는 아니나 그 때문에 드물어 진 내 글에 原州에선 왜 또 없는지… 學校 가는 날마다 便紙함을 뒤적이다 이젠アキラメル했으니까… 이 밤도 비는 죽죽 나리는데 實驗樂會 演奏가 있기에 갔다 와서… 그 余音이 너무 길어서 珠에게 기다란 글을 써 놓고 란이에게

向했다.

참 아담한 이 밤의 演奏會였어. 林 先生任이(임원식) 이곳 ベルキ-(벨기에)로 가시게 돼서 그 送別會 겸 金 永珠라는 (梨花女中 六年生) 어린 pianist의 渡美 演奏會 겸 Mr. 元(원 경수)의 Violin Sonata 二曲과 영주의 Piano Sonata와 貞姬 언니(이정희)의 Schumann의 Lied ('Myrthen')에서 四曲이었어… 이 땅에 남는 것은 玲 뿐이려는지… 玲마저 가려는 지는 몰라도 Mr. 元과 貞姬언니는 佛란서 手속 中이고… 영주도 가고 林 先生任도 가고 玲 또한 갈 준비나 해야겠는데… 工夫는 안 했지 エイゴは下手だし.

多幸히도 英語 先生任이 美人(女子)여서 들을 줄은 아는데 サテ語トナルト… ぜろ거든… 努力은 하나… 내가 갈 땐 이 땅엔 아무도 없을 테니까… 아득한 날이고… 珠만은 자꾸 오라고 부르고… 가는 게 문제는 아니나 가서 가 문제지… 내 성격에 淚이 매일일 테니까……

우선 卒業이나 하고 나서 지금 같아선 卒業하면 ドエカノ여학교 선생이나 하게 될 것 같구나. 봐 주는 이들이 많으니까 어떻게 되겠지만…….

原州에서의 生活이 어떻게 됐어? 그렇게 바쁜가… 왜 消息이 없어… 선생님이 그렇게 重勞動인가… 釜山에 있다가 가라고 해도 無消息이고… 지난 五月 八日 病院에 어머님을 두고 急한 일로 상경하고 10일에 돌아왔다. 상렬이를 다리고… 어머님만 나셨으면 原州로 들리려 했는데 어머님이 위독하시다는 電話를 받고는 그대로 나려 왔지… 運이라는게 영에겐 그리 좋지가 않아.

란이가 한가한 생활이 아님은 나도 알지만. 이따금 消息이라도 있으면 싶어. 무척 외로운 玲. 이곳에서 숨쉬기가 너무 괴로워서 견딜 수 없어… 잘 있어…

Mr. 공 만나거든 안부나 전하고

안녕히!

玲 6. 6

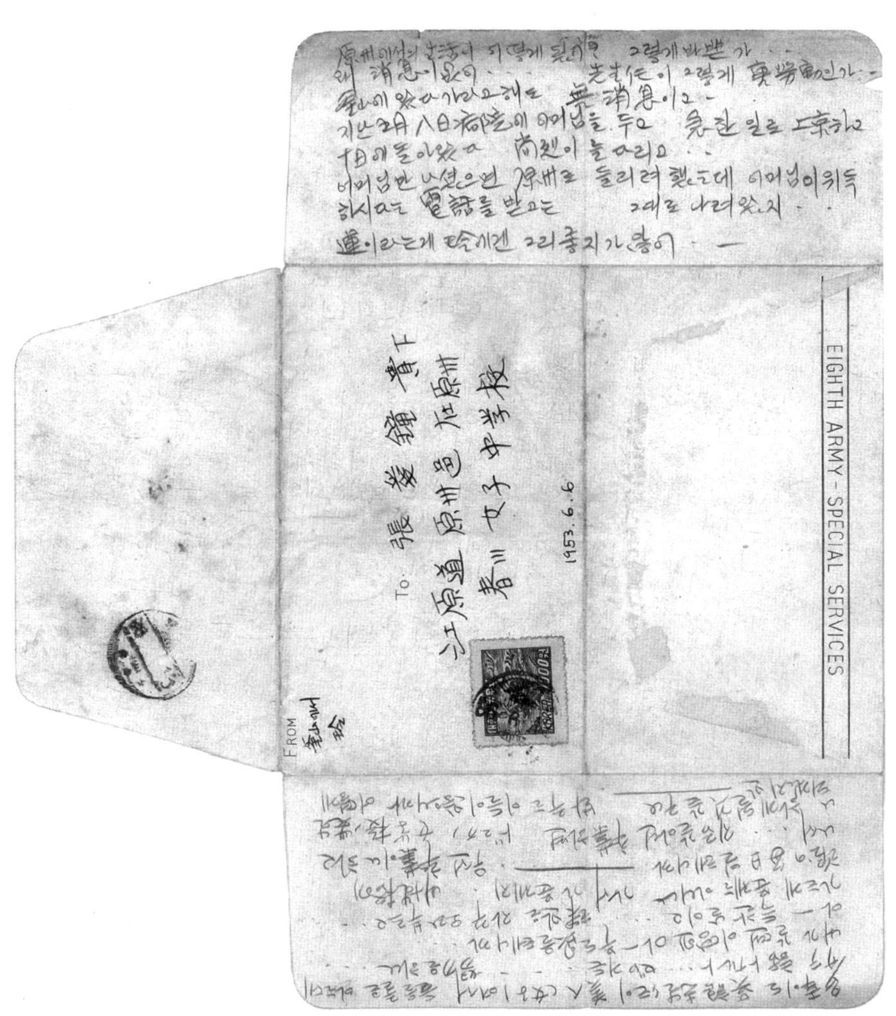
EIGHTH ARMY - SPECIAL SERVICES

To:

1953. 6. 6

FROM

란!

_1954. 4. 29.

얼마 전에 있었던 내 생활의 한 조각이다.

어느 날 오후였다. 2층 낭하에 앉아 남산을 바라보다 며칠 전과는 아주 다르게 변한 푸른빛을 발견하고 헌 신을 끌고 남산으로 향했다.

하도 세월의 선구자가 많다기에 혼자 주저주저하며 그래도 기쁨 가득 올라가다가 어느 길모퉁이에서 어떤 소녀를 발견했다. 자기 집 마당인 듯싶었다.

담도 없는 넓은 마당은 바로 남산과 붙어있었다. 그 마당 나무 밑에서 소녀는 혼자 앉아 책을 읽고 있었다. 남산으로 올라가는 길이 좁기도 했고 나는 그 소녀의 모든 것에 순간 흥미를 느꼈다. 머리는 제대로 기른 단발이 길었고 눈은 유난히 크고 빛났다. 빨간 스웨터만 걸치고 나무 밑에 기대어 앉은 소녀는 그대로 지나쳐버리게 하지 않는 무엇이 있었다. 나는 그 소녀 곁으로 갔다. 그리고 손에 든 책을 유심히 들여다보곤 놀랐다. 그 소녀가 읽고 있던 책은 보들레르(Charles Pierre Baudelaire)의 시집이었다. 번역이 아니라 불어로 된 원서였다. 나의 의아한 표정에 그는 대꾸도 없이 책장을 넘기고 있었다. 나도 그의 곁에 주저앉았다. 시선을 소녀와 똑같은 곳에 두고…….

한참 지나서 소녀는 시집을 덮고 나와 이야기하였다. 보들레르의 기교보다 정신 내적 표현, 발레리(Paul Valéry)의 지성, 사르트

르(Jean Paul Sartre)의 사상, 프랑스 음악을 파고들려고 공부하는 나에게 비할 수 없이 그는 모든 것을 알고 있었다. 드뷔시(Claude Achille Debussy)의 감각으로부터 시간 가는 줄을 몰랐다.

해가 져서 겨우 나는 그곳에서 내려왔다. 그리고 그 소녀를 나의 현실밖에 간직해두었다.

그 후 며칠 뒤였다. 저녁을 먹고 책상 앞에 앉아 보들레르의 '파리의 우울'이라는 책을 읽고 있는데 밖에서 "영자 언니" 하고 부르는 소리가 들렸다. 올 사람이 없기에 창문을 열고 내다보았더니 언젠가의 남산에서 만난 그 소녀였다.

말할 수 없이 반가워서 현관문을 열었으나 그 소녀는 두툼한 것을 내밀고는 그대로 가버렸다. 방에 돌아와서 뜯었더니 의외에도 그의 일기의 한 토막이었다. 처음부터 끝까지 불어로 쓰여 있었고 끝에는 Herine이라고 쓰여 있었다.

혜린, 전혜린 그 소녀의 이름이었다. 나는 읽던 책을 덮어놓고 사전을 더듬어 그의 일기를 읽었다.

아! 사랑하려거든 사랑하려거든
나에게로 돌아가자
태양이, 풀이, 바다가,
바람이 비가…… 그립거든, 그립거든
나에게로 돌아가자.

사랑하려거든 사랑하려거든
나에게로 돌아가자

나를 키워 준 사람__도
나에게 사람의 순수함을
알려준 사람__도
모두 내 속에 있음이니
정말은 나였음이니
그립거든 아! 그립거든
나에게로 돌아가자

꿈도 눈물도 아픔도
낙정(酪酊)도 미침도 환희도
군상(群像)도 시장(市場)도 __ 모두
모두 내 속에 있음이니

이 세상이
이 세상이 그립거든
나에게로 돌아가자
백합의 향기 무르익은
나의 방 속에
내가 찾는 모든 것이 있음이니
아! 그립거든 그립거든
나에게로 돌아가자

나! 온갖 풍요를 내 속에 가졌을
하나의 크나큰 gang이여 내가 머물 곳은 너 밖에 또 있으랴 아무것도 이 앞에선 사라진다.
아무도 나보다 소중하지 않다.

아! 그리운 나!
본연인 나여
내가 원하는 것은
너 밖에 또 있으랴

사랑하려거든 사랑하려거든
아! 나에게로 돌아가자

보들레르를 읽으며, 사월 이십 구일 혜린

이것이 나의 여섯 달 동안 배운 밀천의 해석이다. 필경 그 소녀는 이 현실과는 동떨어진 인간으로 나에게 찍혀졌어.

玲

Dear Grace

_le 26 Sept' 86

잘 있다니 기쁘다. 네 편지 어제 받고 sign 하고 오늘 아침에 부친다. 등기로 해서. 그 속에 Grace가 예브게 나온 사진도 넣고.

June은 지난 17일에 Harp를 싣고 변 기사 아저씨(Driver) 차 뒤에 트레일러인가 하는 것 Rent 해서 거기다 Harp 싣고 트렁크에다 옷 넣고 냄비, 접시, 숟가락 etc. 다 넣고 잘 갔다. 아저씨는 짐 내려주고 바로 돌아오고 난이랑 나는 준 집 근처 Hotel에서 자고 Weekend에 아빠가 벤츠 운전하고 오셔서 토요일에는 아빠 shopping. over coat(되게 비싼 것), rain coat(역시), robe de chambre 샀다. 난이도 beige 색 오바 300$ 주고 사고 rain coat도 사고 나도 양복 사고… 했지.

June 기숙사에는 한국 여자아이가 14명이나 있단다. June은 시험이 10월 10일이니까. 무엇보다도 정신없고 Paris는 폭탄이 자주 터져서 나가 다니지 못하고 시험이나 잘 쳐서 입학해야 되는데 걱정이다. 그 기숙사에서 시험 보는 아이가 또 있어 같은 지정 곡 키니까 매일 듣는대요. 다들 잘 한다고. 기죽지 말라 했는데. Marie Claire Harp 선생은 아프고… 여행이고… 해서 내주 월요일 29일에 처음 만나기로 했는데 집이 Paris가 아니고 Banlieue(근교) 인가해서 기차를 두 번이나 갈아타고 간대. 잘 하겠지.

나는 10월 9일에(시험 전날) Paris에 가 볼까 하는데 모르겠다.

난이는 매주 Conservatoire 잘 다니고 Piano도 친다만… Grace 같은 진득한 성격이면 좋은데…

Nöel Vacance에 여기 오기로 하고 비행기표 미리미리 알아봐서 사 놓도록 해. 그때가 돼야 온 식구 다 만나지. 요즘은 너무 빈집 같다. 그럼 전화할게. 제발 먹을 것 좀 먹고 공부해. Diet 하다가 죽은 사람도 있다니까. 멍세… 멍세!!

아침에 엄마가

장 교장님

_1993년 8월 30일 자정에

밤중에…… 이제 조용해서 한자 적어요. 얼마나 많이 나아졌을까 내일모레면 9월인데 그래…… 병원에서 춘천으로 출근하게 되는지…… 보조 의자인가를 들고서…… 조심하기야…….

나는 잘 있어요. 미친년 널뛴다는 것 바로 나야 ACL(Asian Composers League) 회장으로 찬조금 얻으러 뻔뻔스럽게 찾아다니다가 실명제 운운하니까 찬바람 쌩쌩 도네. 하긴 남의 생돈을 거저 얻어오다니…… 염치 이전에 뻔뻔인가 봐.

없으면 없는 대로 축소해야 할 텐데…….

9월 20일에 큰딸하고 나하고 또 다른 교수랑 한국 대표로 Spain Alicante에서 열리는 IMC(International Music Council) 가기로 됐어. 국제음악협의회인가 하는 회의…… 10월 축제 행사가 없으면 신나게 바람 쐬고 올 텐데…… 어쨌든 큰일 벌려놓고 이번 여름 Vacances 못한 것 그것으로 때우면 너무 멋있잖아.

Madrid에서 국내선 타고 50분 가는 아름다운 바닷가 시골 마을이라는군. 20일에 Paris 가서 막내딸 보고…… 봐서 데리고 그곳까지 갈까도 생각 중이야. 22일에서 27일까지 회의 하고 다시 Paris에서 며칠 있다가 30일이나 10월 1일이나 와야지. 그 뒤 2주 뒤면 도

처에서 우리 Festival로 모여들 테니까.

93 대전 EXPO의 후원으로 열린 ACL(아세아 작곡가 연맹) 10월 행사가 끝나면 춘천에 한번 갈게. 11월 초엔 또 내 작곡 연주도 있으니까. 이번 작품은 5중주인데 Flute, Harpe와 Violin, Viola, Cello. 제목은 "나비의 연가".

수녀 시인 이해인의 시로 작곡을 했지. 이 세상 살다가 나 돌아가는 곳 하나님 곁이니까……. 웃기지(점쟁이는 찾아다니면서)?

그 시

'나비의 연가'

가르쳐주시지 않아도 처음부터 알았습니다.
나는 당신을 향해 날으는 한 마리 순한 나비인 것을
가볍게 춤추는 나에게도
슬픔의 노란가루가
남몰래 묻어있음을 알았습니다.

눈멀 듯 부신 햇살에
차라리 날개를 접고 싶은
황홀한 은총으로 살아온 나날

빛나는 하늘이
훨훨 날으는

나의 것임을 알았습니다.

행복은 가난한 마음임을 가르치는 풀잎들의 합창

수 없는 들꽃에게 웃음 가르치며
나는 조용히 타버릴 당신의 나비입니다.

부디 꿈꾸며 살게 해주십시오.
버려진 꽃들을 잊지 않게 하십시오.

들릴 듯 말 듯한 나의 숨결은
당신께 바쳐지는
무언의 기도

당신을 향한
맨 처음의 사랑
불망의 나비입니다, 나는

_이해인 시

노래는 아니고 기악곡인데…… 나는 구절마다 이 시를 적어놓고 표현을 했다.

가을에는 천 상병의 시"귀천"으로 Trio를 쓰려고 구상 중이다. 귀천은 정말로 아름다운 시야. 여기에선 Soprano가 노래할 거야.

생각날 때 한자 적었다.

부디 몸조심해.

나는 계속 씩씩하게 성실하게 널뛰는 미친년이 좋아서 그냥 그대로 계속 뛸 거다.

안녕!

대전 Expo. ACL. YoungJa Lee

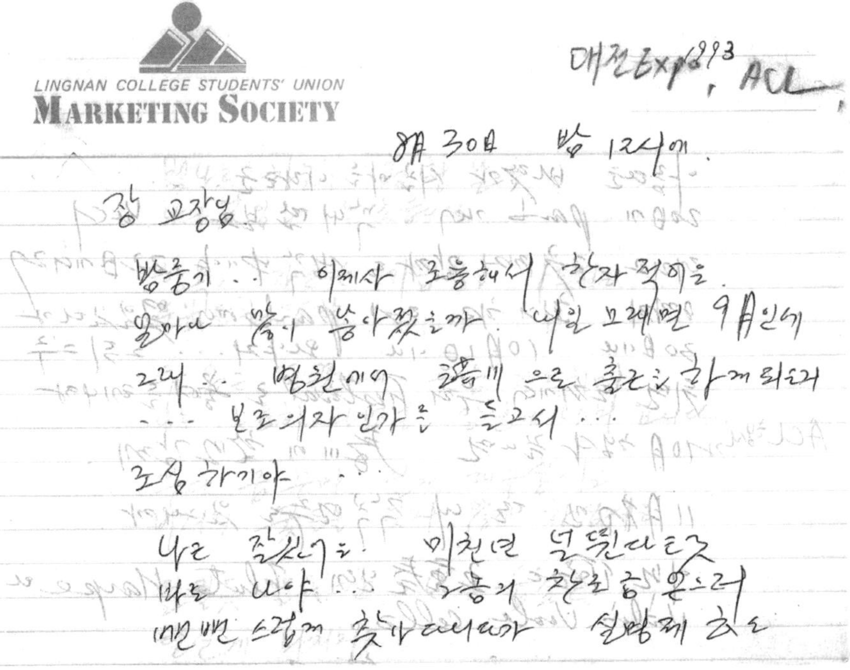

대전Expo'93, ACL

8月 30日 밤 12시에.

장 교장님.

밤중기.. 이제사 조용해서 한자 적어요.
얼마나 많이 놀라셨는가. 내일 모레면 9月인데
그래.. 병원에서 [illegible] 으로 출근하게 되다니
... 보호의자 인가를 듣고서...

조심 하기야...

나는 잘 있어요! 미친년 널뛴다고
바로 나야.. 그동의 [illegible] 온으러
빼빼 스럽게 쫓아다니다가 실망케 했소

난이에게

_1982. 10. 25.

오랜만에 너에게 편지 쓴다. 뭐 주말에는 전화할 텐데 하고 편지 안 했는데 그 전화가 고작해서 몇 분 소리만 지르니까 감질만 나고 어쨌든 답답하다. 이제 곧 1개월여 있으면 네가 또 올 것이니까… 하고 세월 가는 걸 기다리고 있다. 세월은 정말 빠르다. 일주일이 금방 가고. 나는 화, 목에는 영어 학교 다니고 월, 목 밤에는 French(Advanced) 다니고 금요일 오전은 Brush Painting Leçon하고. 그래서 도무지 똥 눌 시간도 없는데 1주일에 4회 Party도 했으니… 160명 먹었지. 그것도 내가 부엌에서 다 하는 건데, 고단한 생활 탓인지 서울의 90만 원씩 주고 해 넣은 이빨이 50만 원어치가 다 빠지고 쑤시고 해서 금관을 깨부수고 했어… 그래 이빨 하러 서울 갈까 했는데 이곳 의사는 5개 이빨에 350$ 달라니까 싸서 한 번 속는 셈 치고 여기서 해 볼까 한다.

일본에 주문했던 Piano는 어제 드디어 찾아서 2층에 놨어…. 연한 밤색인데 예쁘다. 서울 Piano 상처 내지 말고 문 꼭 걸고 깨끗하게 쓰도록 하여라. 준영이를 Piano leçon 보내고 있다. 어차피 Harpe 못 할 바에는 Piano라도….

나의 동양화도 많이 늘었고 서양화도 많이 그리고 있다. 작곡도 잊지 않고 있다만. 어쨌든 예술이란 어렵고 끝이 없는 것이니까 계속 생각하고 노력해야지. 난이도 나는 강제로 악을 쓰면서 하라고는 안 하겠어. 이젠 너를 믿어도 되니까 알아서 해요. 엄마 때문에 마음 무겁게 생각하지 말고 O.K?

내 옆에 있으면 맛있는 것도 먹게 하고 놀러도 갈 텐데. 은미, 준영이 하고 우동 먹으러 Hotel에 갔더니 "언니는 못 먹는데 우리만 먹어서 안 됐어요." 하드라. 너도 서울서 먹고 싶은 것 다 사 먹어. 너무 돈 아끼지 말고. 돈은 쓰면 또 생기는 것이야. 엄마 상아 도장 깨서 고민했겠지… 대만에서 10$짜리고 또 안방 엄마 방 장롱 속에 그 도장이(조각된 것) 여러 개 있으니까 걱정하지 말아. 엄마 이름만 쓸 수 있으면 돼… 그리고 은행 다닐 때는 특히 조심하고 찾아서 꼭 집으로 가고 집에 가서도 열쇠 열고 꼭 채우고 Hand bag에 돈 많이 들고 다니지 말아라. 세상 험한데 엄마도 없는 곳인데 학교 갔다가 일찍 집에 오고 학동에나 가고 집에서 쉬고 Piano치고. 집구석이 천국이라는 걸 너도 알게 돼… 나도 미친년같이 다녔는데 그땐 옛날이고 인심도 좋을 때야… 요즘은 흉악한 세월 아니냐?

은미는 미국 학교에서 Outstanding Student라고 성적표에 써 왔어… 정말 신기하게 잘해. Advanced French Course도 청강생이었는데 그 반에서 제일 잘해서 학점을 주겠대요, 너무 우수한 학생이라고 E.S.L(영어) 선생이 추천해서… 아들은 없지만, 그래서 가끔 내가 야코가 죽지만 기똥찬 딸들이야… 아들만 있었음 안하무인 됐을 거라나? 여기 아주머니 왈… 그러나 아들 필요 없어! 다 보통 딸이 아니니까.

그럼 사랑하는 난이 잘 있어, 엄마 생각나면 Piano 쳐요!

엄마.

사랑하는 준영에게

_1994년 7월 20일

Tanglewood의 음악캠프에서 너는 솔솔솔 바람 부는 숲속에서 천사처럼 하프를 뜯고 있으려니 생각했다가 네가 보내 준 첫 편지로 그곳도 너무너무 덥고 밤에는 온통 모기에게 뜯기고 잠도 잘 못 잔다고 해서 우린 이곳에서 한참 웃었다. 너만은 호강하는 줄 알았거든. 장학금 받고 뽑혀가서 신바람 나겠다며 언니랑 얘기했는데.

우리가 30일간의 여행 마치고 서울에 돌아온 지 꼭 10일이 지났다. 그런데 웬일인지 금년은 유별나게 덥구나. 뉴스에서 금년 더위와 가뭄이 72년 만이랬다, 52년 만이랬다. 어쨌든 내 평생에 처음 겪는 더위란다. 남쪽 호남지방엔 논밭이 짝짝 갈라져 있는 것을 뉴스로 본다.

우리가 그전에 아프리카에 4년 살 때도 이렇게 뜨겁게 덥지는 않았었다. 아프리카엔 봄, 가을, 겨울 없이 열두 달을 모두 여름으로 살았어도 이번의 서울 여름보단 덜 더웠던 것 같다.

이번의 나의 30일간의 여름 여행은 인생의 많은 것을 다시 배우게 해준 것 같다.

은미 언니의 Northwestern 대학원, Kellogg의 졸업식에 축하해주려고 간 것이 목적이었지만 졸업식은 하루 뿐의 영광이었고 그 외의 일이 더 많았으니까.

Kellogg 학교는 경영학으로는 미국에서 1등으로 손꼽히는 좋은 학교라더니 정말 언니의 졸업식은 대단한 것이었다.

Evanston의 작은 마을은 마치 그 마을 전체가 Northwestern대학으로 꽉 차 있었고 졸업식 3일 전부터 학부모, 졸업생을 파티에 초대해 주고 그 많은 학부모를, 맘껏 다 먹고 마시게 해주었고 Bus도 무료로 태워주고 졸업식도 우리 잠실 올림픽 운동장만 했는데 꽉 차 있고 난 처음으로 그렇게 멋있고 화려한 졸업식을 본 것에 너무나 환상적이었다. 언니는 공부도 잘했으니까 미국에서 큰 의약품회사 Medtronic에 취직도 됐고…… 직장에서 월급 타면 공부할 때 학교에서 꾸어 쓴 등록금부터 갚아야 한단다. 정말 대단한 딸 가진 것처럼 자랑스럽고 가슴 뿌듯했다.

내년에는 또 Yale 대학을 졸업하는 너를 위해서 또 가야겠다. 훌륭한 딸들이다. 가끔 예전에 하나님이 왜 내게는 아들을 안 주셨을까 생각했다. 난 정말 열심히 성실하고 진지하게 삶을 살아왔는데…… 나를 왜 미워하셨을까? 그러나 요즘은 아들하고도 못 바꾼 내 세 딸이 대견하기만 하고 커다란 나무에 기대는 것처럼 든든하고 미덥고 너무나 자랑스럽다.

큰길에 나가 서서 큰소리로 외치고 싶을 만큼. 준 재미있는 얘기할까?

내가 시카고에 막 도착한 다음 날 언니와 나는 다시 비행기를 타고 언니의 새로운 근무지인 Minneapolis에 갔다. 비행장에 도착하니까 언니가 나를 데리고 Rental Car 사무실에 가더니 예약해 놓은 자동차를 찾는 거야. Rent Car가 수십 대 있는 곳에서 내가 골라서 운전하는 거야. 운전은 20여 년 했으니까 못할 것도 없지만, 시차도 있지만 이건 아주 미지의 도시잖아. 시내 중앙에 있는 Hilton 호텔까지 찾아가야 하는데 동서남북도 모르고 은미 언니가 지도를 펴들고 나는 운전을 하고 고속도로를 달렸지. 미국 차도 빨간색 새 차였고 너무 이쁘고 좋았어. 자동차 이름은 Chevrolet…… 어쨌든 지도 펴들고 약간은 벌벌 기면서 30분이면 오는 거리를 두 시간 만에 호텔에 왔다. 입술이 바싹 마르고 다리에 힘도 빠지고…… 어쨌든 큰 모험한 것 같았다. 결국, 3일 동안 그 차를 운전하고 다니면서 언니가 앞으로 살 아파트를 찾고 계약하고 왔다. 그리곤 언니 기숙사에서 2년 공부한 살림과 책이랑 이삿짐 싸느라 혼났었지.

올 1월 내가 Paris의 너의 아파트에 가서 네 짐 싸던 생각 많이 했다. 그때도 너랑 Harpe랑 다 비행기에 태워 보내고 나 혼자 남아서 네 짐 다 싸고 그 뒤에는 네가 3년 동안 산 그 방을 반짝반짝하게 청소하느라 내 손끝이 다 텄으니까. 깨끗하게 해주어야 보증금을 준다니까 새벽 두 시까지 청소한 날도 있었다. 다 옛 추억이다만.

또 뉴 헤븐에 가서 네 방에서 며칠 있는 동안은 편하고 좋았다. 네가 또 Harpe 들고 Tanglewood로 떠나고도 우린 2일을 더 있었다. 그리고 다시 British Air Way 타고 영국을 거쳐 Bruxelles의 난이 언니 집에 가서 언니 사는 것도 보고 수연, 보연도 보고…… 언니는 딸 둘 데리고 공부하랴 Piano 치랴 살림 살랴, 너무 고생하는 것 같았다. 그곳에서 나는 또 새벽 두 시까지 부엌 청소 해주고 서재의 책 정리, 살림 정리 해주며 세상의 엄마들은 언제까지 자식을 위해서 애써야 하는가, 생각해 봤다. 무자식 상팔자도 되씹어 보았고…… 그러나 역시 자식은 애물이라 하더라도 내게 있어선 보물이다. 너희들도 결혼해야만 이해할 것이다만.

은미와 나는 기차 타고 Paris까지 갔었다. 네가 8년이나 살았고 네가 그렇게도 떠나기 싫어하며 정든 곳을 너 없이 네 이야기 하며 우리가 살 때 다니던 길, 식당, 극장 찾아다녔다. 다시 Bruxelles에서 영국을 거쳐 Chicago로 돌아올 때는 좀 고역스러울 만치 오래 걸렸다. 브뤼셀 떠난 지 26시간 만에 뉴욕을 거쳐 Chicago에 도착했으니까. 그러나 어쨌든 언니와 나는 둘이 오붓하게 기분 내고 재미있었고 좋았다.

June, Tangle Wood에서 공부 잘해라. 그 유명한 오자와 세이지 지휘로 Harpe 하고, 요요마와 악수도 하고, 로린 마젤 하고도 Harpe 한다니 정말 너는 선택된 사람이다. 네게 그런 좋은 일을 주신 하나님께 잊지 말고 감사할 것.

Tanglewood 끝나고 Yale로 돌아가거든 다시 대학원 공부 열심히 하고 겨울엔 네 야무진 꿈인 이스라엘 콩쿠르에도 도전해 보기 바란다. 나는 Yale 대학이 조용한 시골에 있어서 더욱 좋다. 학교 앞의 그 시계탑과 그 넓은 잔디밭을 너는 매일 거닐며 사색에 잠기고 네 인생을 수놓고 꿈꿀 수 있잖니. 자연이 너무 네 곁에 있어서 좋다. 그 좋은 학교에서 한국 신랑감 (서양 사람은 반대함)도 찾아보렴. 그리고 자기 일에 모든 정열을 다 바쳐서 성실하게 살아가노라면 네게도 어느 날, 뜻하지 않게 엄마처럼 신사임당 상이 날아들 것이라고 믿는다.

네가 떠난 후 슈퍼에 가서 배추 몇 통 사다가 김치를 만들어서 큰 물통 위를 칼로 자르고 김치를 듬뿍 담아 테이프를 두르고 냉장고에 넣어 두었다. 두 달 동안 열지 않은 냉장고 속에 있었으니까 네가 8월 하순에 돌아가서 열면 아주 맛이 있을 것 같다. 네 Violin하는 친구랑 돼지고기 사다가 보쌈 만들어 먹으렴.

부디 건강 조심하고 살찐다고 안 먹으면 키도 안 클 테니까 많이 먹고 공부 잘하고 좋은 신랑감도 있는지 잘 찾아보고 잘 있어. Minneapolis 언니랑 전화도 가끔 하고.

8월 말의 너의 생일도 잘 지나기 바란다.

엄마가

둘째 딸 은미에게
_1994, 8월 10일

태풍 더그 호가 대만을 덮치고 서서히 한국으로 다가온다며 겁주는 TV 뉴스가 아침, 저녁 나오더니 하필이면 네가 떠나는 날 그 시각에 비까지 내려 너를 보내고 마음 무겁게 돌아왔다. 비행기가 하늘 위에 올랐을 땐 비는 없었겠지.

그렇게 쏟아지던 비가 아침에 눈 뜨니까 화창하게 개였더군. 그렇게 겁주던 더그 호 태풍이 제주도 아래에서 산산이 흩어져 그 위력을 완전히 잃었다고 아침 뉴스에 나왔다. 다시 찜통더위야.

어제 오후 빗속에서 너를 보내고 돌아오면서 나는 퍽 우울했다. 떠나보내는 마음 언제나 그랬지만 어제의 기분은 그전과 좀 달랐다. 너도 다른 때는 활짝 웃고 갔는데 어제는 네 눈에 눈물 가득 고인 것이 보여 나도 애써 웃었지만…….

낯선 도시 텅 빈 아파트에 그 큰 짐을 들고 가서 직장 생활을 시작한다니까 마음이 더 무거웠나 보다. 저녁은 그 빈 아파트에서 어떻게 먹었는지 싸 들고 간 김밥 도시락 먹고 잤겠지. 너랑 나랑 같이 찾은 그 새 아파트는 한적한 주택가에 있으니까 생활에 불편하지 않을까, 염려도 된다.

어제 비행장으로 나갈 때 비도 많이 왔고 88도로가 너무 막혀 나는 은근히 속을 태웠는데 그때 불쑥 기사 아저씨의 갑작스럽고 퉁

명스러운 “결혼 안 하고 또 미국 갑니까?”라는 말에 너랑 나랑 크게 웃었었지… 그땐 웃고 말았지만, 곰곰이 생각해보면 깊은 뜻이 있는 것이 아니겠니. 뚝뚝하고 말이 없고, 애교라곤 티끌만치도 없는 그 기사 아저씨의 말은 농담이 아니고 삶에 대한 진리를 다시 깨우쳐 준 것 같았다. 과년한 딸을 아무 말 안 하고 다시 외국으로 보내는 어미 가슴에 일침을 놓았다.

어제 아침에 짐을 챙기면서 네가 한 말이 생각난다. ‘이번 여름엔 오랜만에 엄마랑 둘이서 60일을 꼬박 붙어 지냈네요.’ 지극히 행복한 표정으로… 그 모습이 지금 가슴에 찡하게 다가온다. 이번 30일간의 외국 여행, 30일의 서울 생활을 오랜만에 같이했으니까. 많은 세월을 우리 식구들은 흩어져 살았었지.

아프리카 생활할 때 언니는 미국으로 공부하러 갔고, 인도네시아 시절에는 언니가 서울에서 대학 다녔고, 그리고 네가 뒤따라 미국의 펜실베이니아 대학으로 갔고 우리는 준영이랑 셋이서 화란으로 갔었지. 그 후 Paris에서의 3년 동안은 내 생애에서 가장 행복했던 시절이었다. 언니가 Paris Sorbonne 대학에서 박사 공부하고, 너는 대학을 졸업하고 랑콤 회사에 취직 해서 Paris로 오고, 막내 준영이는 파리 고등음악원에 다니고, 나도 Sorbonne에서 늦었지만, 음악학으로 논문을 쓰고, 아빠는 나라를 대표하는 특명 정권 파리 주재 한국대사로 보람 있게 뛰고… 정말 우리 가족은 오랜만에 다 모여 신나고 화려하고 보람 있고 행복했었다.

세월이 흐르는 물보다 더 빨라서 3년을 1년처럼 보냈는지 몇 폭의 그림으로 내 가슴에 남기고 서울로 돌아오면서 우린 다시 헤어졌다. 우리 다섯 식구의 오붓하던 마지막 기회를 하나님이 그처럼 아름다운 곳에 주신 것을 지금도 나는 감사한다. 언니는 그 후에 시집갔고 너는 다시 대학원 한다고 미국으로 갔고 준영이 혼자 Paris에 남아 음악 공부 다 마치고 그 유명하게 어려운 파리 국립고등음악원을 1등으로 졸업하곤 다시 미국의 예일대학 대학원으로 갔으니…

이젠 아마도 다시 한 집에 다 모여 살긴 어렵지 않겠니… 너도 결혼하고 준영도 결혼할 테니까 각자 자기 인생을 위해 맘껏 나래 펴고 살 것이니까.

엄마 주위에 많은 분이 말하더라. 늙으면 둘만 남게 된다고.

몇 년 전 여름에 네가 나오면 '맞선'도 본의 아니게 한두 번 봤었는데 어쩌다 이번 여름에는 남들이 다 보는 '맞선'도 한번 못 보았구나. 내가 너무 무심했는지 무능했는지… 지금에야 생각하며 쓴웃음 짓는다. 더위에 Diet 한다고 먹는 것도 맘대로 못 먹고 가서 마음에 걸린다. 사실 어쩌다 내가 결혼 얘기했었어도 네 표정은 딴청이었으니까, 강요도 못 했다. 그렇지만 나도 너를 이해한다. 이제 네 나이 과년으로 접어들지만 어떻게 너의 긴 한번만의 인생을 너의 온 넋을 쏟는 너의 삶을 쉽게 생각할 수 있겠니. 나는 너의 그 신중하고 깊은 생각을 믿고 이해하며 기다려보고 싶어진다.

옛날에 내가 너만 할 때 나의 부모님도 시집가라 결혼해라 성화하셨지만 나는 내가 뜻하고 있는 공부에 대한 일념으로 부모의 마음을 아프게 하면서 유학까지 갔었다. 50년대 6·25의 아픔을 딛고 우리 모두 고전하던 어려운 시기였었고 유학이란 사치할 만큼 어려웠던 실정이었다. 나를 보내면서 어머니는 '네가 하늘의 별을 따러 가는지 모르지만 딸 하나 여의는 마음으로 눈 감고 보낸다.'라고 하셨었다.

그래도 내 굳은 의지와 신념으로 나는 단신으로 꿈에나 그려 보던 프랑스 파리에 갔었고 언어 극복에 힘겨워하면서도 음악사에 올라있는 유명한 작곡가에게 사사 받으며 벅차게 공부했었다. 지금 생각하면 꿈 같은 현실이며 또한 그 시절이 내게는 가장 소중한 재산이다. 지금처럼 서울과 전화 통화할 수도 없었고 방학에 다니러 올 수도 없었든 지구의 시발점과 종착지처럼 멀기만 했고 그리움과 외로움과 불안함과 초조함에 책임감이 뒤섞인 시절이었다.

정말 하늘의 별을 따는 마음으로 열심히 공부했었다. 그리고 나는 그곳에서 내 인생의 반려자를 만났고 Seine 강가의 교회에서 드디어 결혼식도 하고 부모의 마음을 놓이게 했었다. 그땐 20세기 중반이었고 너는 21세기의 주인공이 될 테니까. 세기의 차이를 분명히 느낀다.

2000년대는 여성도 결혼 안 하고 자기의 전공을 살려 사회 활동하며 경제적으로도 독립해서 사는 시대라고 생각한다. 그땐 물론 여성 남성의 성차별도 없어질 것이니까 분명 내가 살든 세대와는 아주 달라질 테지 그러나 아무리 21세기가 된다 해도 여성의 그대로 여성 본능으로 존재하는 것 아닐까?

이제 네가 새 직장을 찾고 지금껏 네가 공부한 것으로 새로운 일꾼이 되겠다니 나는 너를 믿어 보련다. 너희들은 정말 내게 있어선 자랑스러운 딸들이다. 반듯하고 곱게 구김살 없이 잘 자랐고 공부도 썩 잘했고, 외국어도 4, 5개씩 하게 된 쓸모 있는 일꾼도 됐으니 대견스럽고 뿌듯하다. 어디에 내놔도 부끄럼 없이 떳떳한 내 딸들이 다가올 미래 사회에 쓸모 있는 일꾼 되어 주길 바라며 너의 시대에 뿌리 깊은 나무 되어 흔들림 없이 인생의 고해를 잘 헤치고 나가리라 믿는다. 너의 삶의 반석을 네가 탄탄히 다지길 빈다.

은미야 지금쯤은 도착했겠다. 무겁게 갖고 간 한약 잊지 말고 하루 3회 먹고, 그리고 음식 보따리 열면 신김치, 덜 익은 김치, 막 버무린 생김치 차례로 먹고 멸치 조림, 뱅어포 구이 등은 가능하면 빨리 먹어라. 아끼지 말고. 다 먹고 나면 그때부턴 네 식으로 모듬 샐러드를 먹든 피자를 먹든 마음대로 하렴. 공연한 잔소리다만 늘 매사에 감사하는 마음으로 하나님께 기도하고 너의 성실을 다하기 빈다.

마지막으로 네게 부탁이 있다면 너의 '인생의 반려자 찾기'도 일과 함께하기를 바란다. 가능하면 이 세상 어느 곳에 네가 살더라도 된장찌개, 콩나물국의 진미를 아는 너의 동족이기를 노파심과 함께 덧붙이고 싶다. 반짝하고 아름답고 화려한 사랑을 찾기보다 너의 얼을 함께 숨 쉬고 다독거려 주는 구수하고 깊은 얼을 가진 이는 역시 너와 같은 민족이어야 하지 않겠니?

사랑하는 둘째딸아!

건강 조심하고 보람 있는 그곳 생활이기를 빈다.

'그대의 전쟁이 너무도 순수할 땐 천사가 너의 뒤를 맡아 싸워주리라' 순수하다는 것은 네 삶에 티끌만 한 잡티도 없이 너의 얼을 다 받쳐 삶을 영위하라는 뜻이다. 그 천사는 너의 평생의 반려자이고… 라이너 마리아 릴케의 이 잠언처럼 반석 위에 단단히 서서 뒤돌아보지 말고 앞을 향해 힘껏 날아보렴. 네 곁엔 언제나 천사가 함께할 것이다.

그럼 잘 있어.

서울에서 에미가

Grace et June

_1995

1월 8일 아침 5시 반이다.

어제도 Fax 받았고 오늘도 받았다. 파리? 웬 파리…… 나 혼자 웃었지.

지금 아래층(그전 지하실이라던)에서 아빠가 자고 또 한방에서는 나랑 쌍둥이. 어찌나 잠버릇이 헤매는지…… 발길질로 얻어맞으며 잤지. 특히 보연이가 세계 지도를 그리며 돌더군. 이는 부드득 갈고.

오늘 아침은 7시 30분에 롯데 Hotel에서 Zonta 조찬이 있어 일어났는데…… 웬일? 눈이 펑펑…… 아랫도리가 떨려 와서 어쩌나, 갈까 말까? 한데 Vice President인데, 눈 때문에 결석이라니, 그래서 metro 탈까 생각 중. 난 작년에 눈이 와서 딱 한 번 지하철 타 봤거든…… 신사동까지 Bus 타고, 그리고 전철 타면 롯데 Hotel 앞에서 내리는데. 그냥 귀찮아서…….

선영이가 서울 와서 Tel 했는데 이번 주에 만나자고 했는데, 연락이 없네. 9일에 간다 했는데, 내일인데. 서울 오면 다들 바쁘거든. 오랜만에 왔고 오늘 못 보면 그냥 갈 텐데…… 난 수수 Bonie 때문에 자유도 없고…….

둘이서 종일 재잘재잘 놀아서 내가 오선지 만지는 시간도 있더구먼.

Humidifier? 습기 나오는 거지? 옛날엔 있었는데, 지난여름에 다 버렸지.

습기 빼는 것은 있는데 건조할 때 습기 나오게 하는 것은 없음……. 그래서 잘 때 대야에 물 떠다 놓고 잤지. 한데 뭐, 필요하니? 악기를 위해서?

엄마가

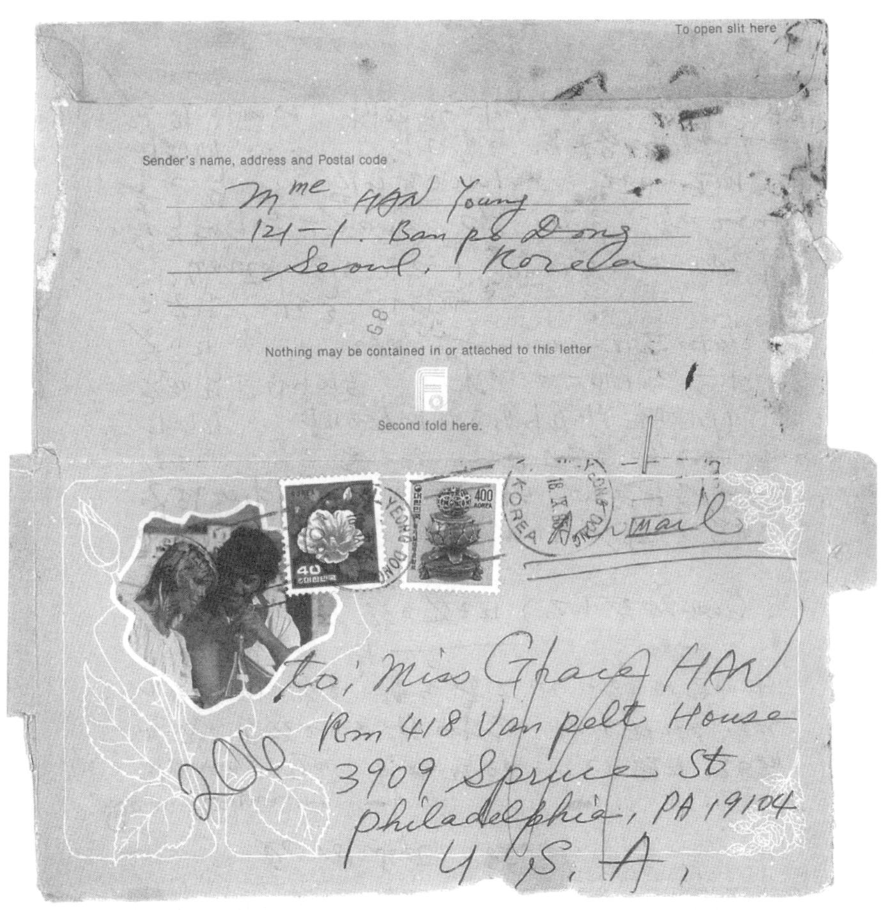

한국문화예술진흥원 귀하

부상에 따른 해외 연수 보고서

대한민국 작곡상 최우수상(1996, 제15회)

일　　정 : 1997년 1월 8일 ~ 2월 13일

대 상 국 : 미국, 불란서, 벨기에, 화란

여행일정 : 1월 8일 ~ 15일 미국 뉴욕

1월 15일 ~ 19일 불란서 파리

1월 19일 ~ 23일 벨기에 부랏셀

1월 21일　　　　화란 암스텔담

1월 23일 ~ 31일 불란서 파리

2월 1일 ~ 2월 12일 미국 뉴욕 및 샌프란시스코

2월 12일 미국을 떠나서 2월 13일 한국 도착

일정 내용 : 1월 8일 ~ 15일 미국 뉴욕

1) 미술관을 방문하여 고전, 인상파, 현대 그림과 조각전을 감상하였음.

- Solomon R. Guggenheim Museum (1071 5th Avenue)

- Metropolitan Museum of Art (1000 5th Ave.)
- Whitney Museum of American Art (945 Madison Ave.)
- Museum of Modern Art (MOMA) (11 West 53st.)

2) 음악회를 참관하였음.

- The Chamber Music Society of Lincoln Center
- Juilliard 음악학교에서 하는 New Juilliard Ensemble 연주
- New York Philharmonic Concert.

1월 15일 불란서 파리(드골 공항 도착)

1) 파리 IV대학(Sorbonne)음악학과를 방문하여 교수를 만나고 나의 논문(livier Messiaen의 관현악 음악의 분석 및 미학적 윤리적 연구)에 대 한 진행 과정 및 새로운 자료에 대하여 논의하였음.
2) 파리 국립고등음악원을 방문하여 교내 음악회와 특강을 참관하였음.

1월 19일 벨기에 부랏셀 도착(기차 편)

1) 옛 스승(은퇴하심) Jacqueline Fontyn女史를 방문하여 환담함.
2) 옛 스승 Marcel Quinet (작고) 교수댁을 방문하여 사모님을 뵈었음.

1월 21일 화란 암스텔담(知人의 자동차편으로)

1) Donemus Amsterdam (Paulus Potterstraat16 1071 Cz Amsterdam)

화란의 작곡가 협회 화란 전체의 작곡가와 음악가의 모든 자료가 완벽하게 구비되어 있고 필요에 따라 세계 각국에 대여, 우송하여 줌. 나의 스승 Ton de Leeuw(1996년 작고)의 추모 음악회 구상을 얘기하였고 그분의 작품과 음악세계에 관한 자료를 구입하였음.

2) 반 고흐의 미술관을 관람하고 램부란트의 그림을 보고 당일 부랏셀로 돌아옴.

1월 23일 불란서 파리로 돌아옴(기차)

1) 파리 15區 4 Rue de la Convention에 있는 Ton de Leeuw교수 미망 인을 방문함.
2) Leduc 출판사에 들려 Messiaen의 새로 출판된 末年의 作品을 구입함.
3) 1월 24일 낮 12:30분부터 Sorbonne 대학 Amphithéatre극장에서 "Les Concerts de midi" 의 La Maurache 공연을 봄.(15세기 불란서 의 Chanson으로 역사적 공헌과 자료 등으로 매우 흥미로웠음.)
4) 1월 25일 오후 5시 30분부터 Maison de la Radio(불란서 국립 방송국)의 Olivier Messiaen Hall에서 "Portrait de Claude Ballif" 음악회를 관람함. 특히 이 날은 불란서 방송국이 Ballif

에게 위촉한 Sympho ny No2의 세계 초연을 들을 수 있어서 만족스러웠음.

5) 1월 26일 일요일 오후 3시에는 파리 한인 침례교회에 가서 예배를 보 았음. 예배 후에 교인들과 친교를 가졌음.

6) 1월 27일 오후 8시 30분부터 Maison de la Radio(국립방송국)의 Olivier Messiaen Hall에서 INA-GRM 음악회 감상. 주기적으로 열리는 현대 창작 음악 발표회로 Manoury, Naon, Teruggi 등의 작품을 감상 하였음. (입장료 무료)

1월 31일 파리 드골 공항을 출발하여 2월 1일 뉴욕 케네디 공항에 도착함.

2월 3일 United Airlines편으로 San-Francisco에 도착함.

2월 6일 San-Francisco의 시립대학에서 이영자와 나효신 박사의 작품과 음악 세계로 특강이 예약되어 있었음. (11시 ~ 12시 30분까지)

그 준비 관계로 2월 4일과 5일은 작품 연주 연습으로 Stanford 대학의 음악대학에서 연주자의 연습 과정을 2일간 지켜 보았음.

2월 6일 11시부터는 시립대학 중강당에서 나효신 박사의 한국여성작곡가의 특강이 있었고 이어 작품이 연주되었고 연주 후에는 작품에 대한 질문을 받 고 본인과 나효신 박사와 학생, 교수 간에 음악에 대한 진지한 토의가 있었 다. 그때의 program은 별지에 있음.

2월 7, 8일은 Lecture Concert 끝난 뒤여서 홀가분하게 샌프란시스코 관광 및 박물관 참관, Shopping등을 즐길 수 있었음.

2월 9일 다시 뉴욕으로 돌아오고 2,3일 휴식을 취하고 친지 만나고 담화를 나누고 2월 12일에 서울 행 KAL기에 올랐다.

별지에 항공권 및 기차표 복사 첨부하였음.

또한 Lecture Concert의 프로그램, 프로필도 첨부되어 있음.

이번 여행에서 숙박은 모두 친구, 知人 집에서 하였음.

이상 틀림이 없습니다.

이영자 YoungJa Lee

연수에 따른 부상 5,000,000원

여비 사용 내역

항공권

서울-뉴욕	KAL	2,541,000원
뉴욕-파리	Air France	500US(약 400,000원)
파리-브랏셀	기차표(TGV)	90US(약 72,000원)
뉴욕-샌프란시스코		361US(약 289,000원)
합계		3,302,000원

잔액 1,698,000원은 식대, 교통비, 관람료, 선물, 잡비 등으로 사용하였음.

1997. 4. 30.

이영자 YoungJa Lee

June!!

아침 5시에 쓴다.

너희 둘…… 신나지 않은 Nöel 만나 특히 Grace……

씁쓸하게 지날 것 같아 참 안 됐다……(마음이…… 너희들의)

그러나 La vie est toujours…… commme ça……

오히려 나는 다행으로 안다. 그랬으니까 Grace의 건강도 쉬지 않을까…… 해서.

나는 늘 너무 걱정이었거든…… 썅 _ 하고 잊고 신나게 거리 나가서 구경하고 놀고…… 해라……

어제 June이 보낸 선물 꾸러미 잘 받았다. 내 Compact + 책 + carte…… 헌데, 왜 그 책(헌책)을 보냈나 생각 중…… 엄마 영어 공부하라고…… 아니면 옛날 희귀본이라고…… 아빠의 人生 되돌아 보라고……

My way…… 좋드라 그 책.

오늘 Fax 件은 너의 Recital 전단 만드는 中 사진도 Film까지 와서 사진관 들고 가서 다 마쳤다. '음악 춘추'에 예고도 내야지.

그런데 문제는 program이 너무 classic에 치우친 것 같아서……

Scarlatti와 Mozart 中 하나 하고. Spohr와 Tournier 사이에 좀 더

비중 있는 작곡가가 있으면 어떨까? 예를 들면 한국 사람이 잘 못 덤비는…… E.Carter라던가 Holliger(Heinz)라던가 Takemitzu라던가…… Berio라던가……

연락 바람!!!

Maman. 97년 12월 24일 아침

chère 선영!

_1998년 4월 3일

미안하다. Fax 받고 며칠 지났다. 서울의 생활은 정말로 미친년 널뛰는 꼴이다. 더구나 나는 늙은 사람인데 밥하고 설거지, 청소하고 운전사와 밖으로, 밖으로 돌고 돌다가 밤늦게는 위촉받은 작곡도 해야 하고 우울했다. 보람 있는 미친년이다. 마지막엔 하느님께 '감사하자'로 Code를 맺곤 한다. June Recital 밤에 만나고(그땐 정말 merci Mill fois!) 그리고 3월 초에 떠난다고 해서 June 보내놓고 선영이 집 Tel 번호 찾느라 며칠 가고, 5일이 지나서 체념했다. 작품 건은 금관이 없는 곡이라고 해서 찾았지만 없고, 나도 젊어서는 작품 쓸 시간 없이 살림과 이대 교수로 뛰다 보니 못 썼지.

그래서 하나 골랐는데 'Mouvement Symponique' 약 10분 좀 넘을까, 1972년 서울음악제에서 초연했고 또 한 번 홍연택 씨가 어디선가 연주했는데 당시 우리나라 연주 단체의 그 연주는 녹음 이전이었다. 그래서 연주의 흔적은 없다. 이 곡에서 금관 part를 목관 part로 옮기던지, 빼는 것도 가능할 것 같아. 우선 악보를 보낼게. 그러나 안 해도 좋다. 꼭 하라는 것은 아니고 이제 이선영도 많이, 많이 커서 세계를 좁다고 음악으로 활동하니까, 흐뭇하고 좋다. 계속 공부하며 음악으로 살자.

준영 어머니

사랑하는 제자들에게

_1999년 5월 8일

… 오선 위의 넋이어라
그대의 자화상은…
애틋한 사랑과 그리움 담고
여덟 해가 갔네.

싱그러운 오월의 한복판
십오 일, 그것도
이름 있는 날에 만나고 싶어
초대합니다.

옛날 생각 하며
가벼운 마음으로
반포동 우리 집으로 오세요.
한나절 맘껏 놀아봅시다.
나는
IMF式 점심으로
비빔밥과 수제비 떠 놓고
온종일 집에 있을 테니
12시에서 해질녘까지

아무때나

시간 되는 대로 오세요.

바빠서 못 보면

또 다른 날 보고… OK?

Young Ja Lee 1999년 5월 8일에

ZONTA
INTERNATIONAL
DISTRICT 26, AREA 3
CLUB OF SEOUL I

국제존타 서울I클럽
서울시 서초구 반포동 720-33
전 화 : (02) 547-3740
FAX : (02) 518-3906
137-040

5월 15일 초청장 —— 이다.

Zonta International 557 West Randolph Street Chicago, Illinois 60661-2206 U.S.A Telephone : (312)930-5848 Fax : (312)930-0951
Club of Seoul 1 720-33, Ban Po Domg, Seo Cho-Ku, Seoul, Korea. Telephone : (02)547-3740 Fax : (02)518-3906

오월 할일에.

1998~2000 임원·이사

회 장	이영자
제1부회장	김미자
제2부회장	김선미
감 사	유규수
	이양자
총 무	이필원
부 총 무	이인숙
서 기	강인자
부 서 기	민병옥
회 계	이승자
부 회 계	박명숙
전 임 회 장 위원장	김경오
	이연숙
장학위원장	이요식
	정혜선
재정위원장	김경애
	김도숙
	신영자
	백남희
회 원 자 격 위원장	김순희
	최창순
프 로 그 램 위원장	김희진
	강영희
봉 사 위원장	민병식
	정연심
	정혜정
홍보, 섭외 위원장	김매자
	한옥순
	정복영
UN, 국제 위원장	김익주
	김향신
여 성 지 위 위원장	이영애
	류민자
지 역 사 회 위원장	조숙렬
	이용옥
	한문선
친 교 위원장	민홍숙
	이화정
출 석 위원장	차옥순
	황명순
2 6 지 구 위원장	김창실
	한정희
환 경 특 별 위원장	김동순

....오선지의 낯이여라
그대의 자화상은...
애틋한 사랑과 그리움 담고
여덟 해가 갔네

싱그러운 오월의 한복판.
십오일. 그것도
이름 있는 날에 만나고 싶어
초대 합니다

옛날 생각하며
가벼운 마음으로
반포동 우리집으로 오세요
한나절 맘껏 놀아봅시다

나는
IMF式 점심으로
비빔밥과 수제비 해놓고
온종일 집에 있을테니

12시에서 해질녘까지
아무때나..
시간되는대로 오세요
바빠서 못 보면
또 다른날 보고...OK?!

Young Ja Lee

김남조 선생님께

_Le 16 Avril 2002

아침 11시에 뉴욕을 떠나 지금은 오후 4시.

넓은 하늘 한복판 샌프란시스코로 가는 비행기 안에서 문안드립니다.

미국 동부에서 서부로 가는데도 6시간이 걸린다니 역시 넓은 땅입니다.

다행히도 비행기에는 자리가 많이 비어 세 자리를 저 혼자 차지하고 옆으로 누워서 한잠도 자고 많은 생각도 할 수 있고… 흐뭇합니다.

창밖으론 하얀 구름 꽃이 내 발아래서 뭉게뭉게 돌며 펴져가고 그 위에 하늘은 파랗고…

비행기 타는 것을 평생 두려워하면서도 운명에 맡기고 기도하며…많이도 다녔습니다.

하늘 위로 부웅 떠서 많은 생각, 옛날 생각을 합니다.

앞으로의 날은 그렇게 많을 것 같지 않지만 그래도 제가 살아온 날들은 햇빛 가득 찬란했었고 무한한 축복을 받았다는 것을 느끼고 감사할 뿐입니다. 젊음은 다 갔어도 축복은 더욱 크게 저와 함께 함을 느낍니다. 그중에서 가장 큰 은총은 뒤늦게나마 선생님 곁에 다가섰다는 것입니다.

옛날에… 제가 스무서너 살 때 선생님의 첫 시집 '목숨'을 사 들고 무척 행복했던 시절이 있었습니다. 전혜린이와 명동의 '선장', '은성', '동방살롱'에서 막걸리를 마시며 선생님의 시를 읽으며 흥분했었던, 내 삶의 보물 같은 시절이 있었습니다. 왜 그때 선생님을 찾아가지 못했는지 생각해 봅니다. 그때 용기가 없다기보다 차라리 선생님을 저와는 너무나 동떨어진 숭고한 여신처럼 생각했기 때문에 감히 찾아뵐 힘이 없었습니다. 선생님의 그 시들이 저를 초라하게 만들고 선생님은 천상의 여신처럼 멀리멀리 있는 숭고한 사랑 속에 있게 했습니다. 저와는 너무나 먼 곳에 있는 우상이었습니다.

그리고 얼마 뒤에 낯선 이역으로 나그네 되어 떠나고 서울에 돌아와선 교단에서 바쁘고… 많은 후회… 가득합니다.

1990년 가을 제가 아주 서울로 돌아온 해, 마침 KBS 신작 가곡 위촉으로 선생님의 '아가'를 초연하던 날 저는 선생님의 바로 옆자리에 앉아 세상에서 처음으로 불리는 저의 노래를 들었습니다. 그리고 얼마 뒤 선생님은 저에게 두툼한 시 전집을 보내 주셨습니다.

청순했던 청춘에서 오늘까지 저를 순수한 사랑으로 삶을 이끌어 온 저의 얼 속엔 늘 선생님의 시 '목숨' 마디 마디가 있었습니다. '연지처럼 수줍은 꽃에 입술 갖다 대고 싶은…' 선생님의 꽃시 구절처럼.

그런 마음이 그 옛날부터 오늘까지 저와 함께 했습니다.

선생님을 지난해 가을 가까이에서 뵙고 저는 아주 행복한, 내게만 하느님이 축복을 주시는 것 같은 어떤 두려움마저 함께 하며 행복에 빠졌습니다.

저만큼 하느님의 축복을 받은 사람이 또 있을까… 뭉게구름… 구름 꽃 속에 지금 서울 저의 집 정원에 만발해 피었을 핏빛 모란꽃의 모습과 향기를 함께 생각합니다.

선생님!

세상이 좁다고 많은 곳을 다녀 봤어도 제 마음에 쌓아 놓은 세계만큼 아름다운 곳은 없었습니다. 그래서 저는 늘 혼자 있기를 좋아하고 그 속에서 작업할 때 가장 행복합니다.

내 마음껏 미워할 수 있고 사랑할 수 있는 모든 것이 그 속에선 모두 제 것이기 때문입니다.

그래서 사는 동안 늘 행복했나 봅니다.

선생님

저의 사랑의 마음 드립니다.

늦게 만나 뵈었지만 소망하는 것은 늦게라도 꼭 가질 수 있다는 진리를 다시 확인할 수 있어서 더 소중합니다. 이따금 선생님 곁으로 다가가도 은밀하게 꼭 반겨 주시기 바랍니다.

샌프란시스코에 다 왔나 봅니다.

다시 땅 위에 두 발 딛고 쓰겠습니다.

이영자

이영자 YOUNG JA LEE
서울시 서초구 반포동 720-33
720-33, BanPo-Dong, SeoCho-Ku, Seoul, Korea
Tel : 547-3740 Fax : 518-3906
137-809

초대 합니다

해마다 이맘때면 가을 앓이 하듯,
삶을 음미하듯 저의 음악속에 사랑하는
분들을 모시고 싶어집니다

밤외출 힘드시지만 오셔서 자리 빛내주시고
저의 마음에… 사랑과 정열의 힘
되어주시기 바랍니다

이번에는 세종문화회관 삼청각(성북동) 일화당
초청으로 우리의 전통악기를 위한 가락으로
마련했읍니다

11月 17日 월요일 저녁 7시30분에
뵙는 행운을 기도하며..

2003. 11. 4.

Young Ja Lee

2004. 8. 7.

김성진 단장님

작품이 늦었읍니다 2/10月 미국 여행으로 객지에서 진전없이 고민만 하고 7月10日 돌아와서 급행으로 썼읍니다 머리속엔 가득했지만 더위속에서 하루 10여시간씩 씨름하며 소리찾아… 해봤읍니다. 보시고 지적해주시면 좀 더 생각하겠읍니다.

피아노 Solo는 Festival Ensemble 음악감독으로 있는 피아니스트 朴은희 님께 부탁했읍니다 시간적으로도 급할것 같고… 그도 끼가 있는 피아니스트여야 가능할것 같아 혼자서 결정했읍니다 piano part 악보는 8月 1日에 넘겨주었읍니다.

저 혼자 결정지어 죄송합니다.

우선 악보 Full Score 3부 및 piano part 축소된것 2부 보내드립니다 (박은희 piano 749-2144)

무더위에 건강하시기 빕니다

Young Ja Lee

윤금희 교수님

_이천 사 년 시월의 마지막 날

세월이 또 갔습니다. 바람의 소용돌이 복판에 서 있듯 머리도 눈도 몸도 걷잡을 수 없이 그냥 시간만 빠르게 갑니다. 춘천에서는 고마웠습니다. 콘도까지 와 주고, 같이 놀아주고, 또 큰돈 내주시고, 좀 아니라 많이 염치가 없었지만, 그냥 그렇게 있었습니다.

상 받은 것은 좀은 쑥스럽고 멋쩍고, 타향에 사는 내가 무엇을 했나? 생각하니 무안스럽기도 하고 오랜만에 옛 친구 만나보니 울적도 하고, 내 삶의 황혼에서 이번 춘천 방문은 많은 감회를 내게 주었습니다.

그날 초저녁에 연산골 에서 한 주전자의 동동주를 거의 다 혼자 마시고 오랜만에 많이 취해 보기도 했습니다.

새벽 5시에 깨어 밀린 사보 하려고 앉았더니 공지천 파란 물과 신록이 빙빙 돌아 아! 정말 많이 취했었구나. 했습니다. 그래도 7시까지 사보하고, 보따리 챙기고 7시 반에 아래층 방에 인사하려고 내려갔더니, 그 방은 그 시간에 아침 식사를 진수성찬으로 차리고 부르려던 참이었답니다. 상에 가득 서울서 들고 온 딸기, salade에다 서울 빵, 메밀전, 떡에다 치즈까지. 무척 오랜만에 화려하고, 멋있고, 거한 아침상을 받아보았습니다. 불란서 coffee까지……

어느 일류 호텔의 아침보다 더 좋았고 친구도, 환경도 너무 나를 기쁘게 해준 아침이었습니다. 1/2 빵과 coffee 두 잔과 salade를 먹고 8시 넘어 먼저 서울 간다며 일어섰습니다. 프런트에 열쇠만 주고 자동차에 앉아 서울에 전화하고 한참을 앉아 있었지요. 다음날(26일) 제출해야 할 김남조 시가 분명치 않아 전화 드리고 확인하고, 춘천에 있다고 했더니 많이 부러워하였지요.

노년에 그 시인과 가깝게 지나며 서로 다른 길을 걸어온 그 옛날 이야기를 이따금 씩 나눌 때는 정말 행복한 시간임을 재확인하곤 합니다.

돌아오는 길은 그 방 아침상에서 가르쳐 준 새길로 왔습니다. 1950년 그 옛날 내가 이대 기숙사에서 아침에 떠나 종일 걸어서 금곡 지나서 잤고, 다음날 또 걸어서 가평에서 자고 3일째 오후에 춘천에 도착했던… 내 청춘의 소중한 추억의 길… 그래서 그 길은 내겐 정말 소중한 보석보다 더 마음에 있는 길인데… 마을이 많아 신호등이 많다며 다른 길을 가르쳐주어 청평에서 양수리로 빠져서 팔당, 미사리를 거쳐 10시 40분에 서울 도착. 정말 빨리 왔습니다.

돌아오는 길목마다 피어있는 철쭉. 진분홍, 연분홍, 보라색을 보면서 오랜만에 혼자서 웃었다 울었다 많이 했습니다. 삶이 이렇게 아름다운데 내 앞이 그다지 많지 않다고 생각하니 가슴속에 뭉클하게 젖어오는 내 음악 혼을 다시 느껴 덧없다 말고 은총에 감사했습니다.

동창회 하던 날 식당에서 정말 맛없는 국밥을 먹다가 11기 우리 동창을 만났습니다. 나는 장 교장만 알았고 다른 친구를 못 보았는데 그 식당에서 이방애 교장이랑 우리 반 친구를 만나서 환성을 지르고 법석을 떨었습니다.

그때 그 시절 1947년 8월 9일~1950년까지의 반 친구들, 이름은

다 잊었고 "얘! 내 이름 아니? 영자야… 내 이름을 알아?" 하는데… 이름은 하나도 생각 안 나고… 얼굴에 가로세로 새겨진 수많은 주름… "너는 왜 주름도 없니…" 하는데… 정말 그 순간 시간이 멎어 주었으면… 싶고 옛날, 옛날이 생각나고, 눈물 나고… 꾹꾹 참고 그 자리 떠나오면서 내 가슴 가득 퍼지는 뭉클한 충격… 정말 충격을 겨우 참았습니다.

양수리 길은 신호등도 없었고 또 너무 아름다운 시골길이었고… 내 마음엔 가득 퍼진 천 갈래 주름 위의 친구들 모습에 정말 울면서 왔습니다.

그날 밤이 시아버지 제사여서 아침 11시부터 밤 10시까지 부엌에서 종일 일했답니다. 식혜, 약식은 가기 전에 만들어 두었고 그날은 두릅 산적, 고기 전, 생선전, 나물, 탕국 등을 준비하면서 충실하게 내 임무를 완수했답니다.

참! 동창회에서 꽃다발을 받았는데 받는 순간 어디엔가 버려두고 돌아다녔는데… 떠나는 날 아침에 술 취해 깨어보니 현관에 시들시들 있는 걸 보고… 이 꽃을 이 방에 버리고 가나… 서울까지 갖고 가나… 하다가 버리더라도 서울까지 같이 가자 했고 도착해서 고개 팍 숙인 빨간 장미를 물통에 담아 밤까지 두었다가 제사 끝나고 꽃병에 꽂았는데… 어쩌면 좋아요… 오늘까지… 싱싱하게 활짝 피어있다니… 서울에서 음악회 때 받은 꽃은 3일이면 시들시들했는데… 이렇게 오래오래 싱싱할 수가 자연의 힘이 아니라 감격, 감동, 하느님의 은총이라 생각했습니다.

월요일에 김남조 노래 두 곡, 이원 문화원에 부치고 춘천에서 사보 하던, 거문고 세 대를 위한 '희수에 부르는 노래'도 28일에 부치고 만세를 불렀습니다. 한 일주일 잠을 실컷 자고 5월 4, 5일경부터 다시 새 위촉 곡 'Concerto for Piano and 국악 Orchestra' 음악을 구상하고(8월 10일 제출), 오선지 들고 18일에 미국으로 갔다가 7월 중순에 돌아올 생각입니다.

딸의 줄리아드 박사 졸업식, Bodoin international music Festival 참가하고(딸이 가르치는 곳) 7월 초에 국제 Zonta 세계대회(New York)에 참가하고… 작품을 얼마나 쓸 수 있을지 좀 걱정도 되지만 뚫고 가야겠지요.

윤금희 교수
처음으로 이렇게 횡설수설 넋두리처럼 이야기했습니다.
내내 가내에 행운이 깃들기 빕니다.
무엇보다 건강하시고요.

Merci beaucoup. YoungJa Lee

제5회 구름카페 문학상
_2008

제5회 구름카페 문학상, 서른 중반의 김희수, 삶의 고뇌에 시달리며 반항하는 글의 향기는 그 옛날 전혜린을 연상시켰다.

운명의 카페에 가다.
서평엔 젊은 그의 삶의 모습을 3기로 구분했다.
Ⅰ기는 성장기, Ⅱ기는 결혼에서 현대수필로 등단(1993).
그 뒤 2008년까지의 15년.

청춘에서 겪은 삶의 고통, 슬픔, 많이 살고 많이 배우지도 않은 그의 삶의 고백이 주는 인간적인 고통이 내겐 놀라움이었다. 꼭 반세기에 15년을 더한 옛날 나와 붙어 다니던 청순했던, 그러나 번쩍이는 번개 같은 天才성을, 나는 김희수 글에서 발견했다.

이영자

2008

제5회 구름카페 문학상,
서른중반의 김희수. 삶의 고뇌에
시달리며 반항하는 글의 향기는 그 옛날의
전혜린을 연상시켰다.

운명 카페에 가다(2008)

[기는 성장기] 서령인 젊은 그의 삶의 고뇌를 극기로 구분했던
결혼에서 현대수필로 등단, (1993)
그뒤 2008까지의 15년.

청춘에서 겪은 삶의 고통 슬픔.
많이 살고 많이 배우지도 않은 그의 삶의
고백이 주는 인간적인 고통이 내겐
놀라움이었다 꼭 반세기에 15년을
더한 옛날 나와 붙어다니면 청순했던
했던, 그러나 번쩍이는 번개 같은
天才성을 나는 김희수의 글에서
발견했다

김남조 선생님께

2008년 칠월 십 사일 일요일 아침입니다.

어제 밤 '삶과 꿈' 음악회에서 선생님 뵙고 기뻤습니다. 선생님의 모습은 화사하고 우아했습니다. 그리고 선생님의 목소리에는 무지개색 같은 선율이 있는 것 같아 더욱 매력적입니다. 오랜만에 만나 뵈어서 그래서 더 좋았습니다.

음악회 끝나고 인사 몇 분, 하다가 선생님 가시는 것 못 뵈어 섭섭하고 아쉽고 혼자 돌아오며 편히 가셨을까 모셔다드리지 못한 것 못내 마음에 걸렸습니다. 그 섭섭함이 그 전날 저의 꿈에 그대로였는데…

어제 새벽에 꿈을 꾸었습니다. 짧은 잠을 이어 자는 저는 꿈이란 것을 기억에 갖지도 못했는데… 새벽 세 시에 눈 뜨고 작업을 하려다가… 다시 잠들었는데…

어느 넓은 길에서 선생님을 뵈었습니다. 파란색 한복을 입으시고 화사하게 웃으시면서 어느 모임에 오셨다고. 저도 음악인 모임에 왔다가 길가 잔디에 앉아 좋아하다가 갑자기 빗방울이 굵게 떨어져 모임의 장소에서 누군가 나와 우산을 쓰고 선생님을 모셔갔습니다. 나는 우두커니 하늘을 원망하며 선생님 가신 자리만 응시했습니다. 내가 모시고 우리 쪽으로 올걸…

선명하게 꿈의 장면을 기억하기는 정말 오랜만이었습니다. 그런데 밤에 음악회에서 선생님 뵙고 … 그리고 선생님은 그들과 함께 가시고 … 쓸쓸히 돌아오는 저의 가슴에 꿈이 그대로 현실임을 실감했습니다.

선생님 잔잔하게 비가 옵니다. 비가 오는 날은 저는 행복이 배로 다가오는 날입니다. 어렸을 때 … 삼백예순 닷새 비만 오라… 했다가 어머니께 호되게 야단맞았습니다. 왜 안 되나… 그럼 석 달 열흘… 한 달… 했다가 '못된 년!'이라고 야단 많이 맞았습니다. 곰팡이 피고… 빨래 못 말리고… 그따위는 생각도 안 했나 봅니다. 너무 어려서 그런 것은 생각도 못 했겠지요. 아마 저의 사주에는 흙만 있고 물이 없나 봅니다.

그래선지 젊었을 때 몇 번 갔던 역술 쟁이는 저 보고 물색 옷만 입고 살라고 했습니다.

•

이영자

존경하는 이영자 교수님!

정열과 노력으로 쌓아오신 음악세계
대한민국의 "예술원 회원"이라는 왕관을
쓰시며 인생의 높은 곳에 앉으셔서,
80세의 위엄과 당당함을 마음껏 누리시는
당신께 존경과 사랑을 드립니다.
내내 건강하셔서 큰 그늘로 저희들을
감싸주시기를 기원드립니다.

축하의 마음으로 윤금희 드림.

Dear 윤금희 교수

_2008. 12. 27.

축하합니다.

음악 속에서 영혼을 태우고 산다는 것……

대단한 축복입니다.

그러나 그 속에서 찾으려 애쓰는 고통 눈물겹다는 것,

아무에게나 주어진 은총이 아닙니다.

그래서 언제부턴가 나는 연주자의 가슴에서 품어져 나오는 음악을 들으면

가슴속에 굵은 빗물이 흐르는 것을 기쁨으로, 나의 사명으로 알고 선택된 행복으로 믿고 삽니다.

따님하고 함께하는 기쁨 진심으로 축하합니다.

새해에도 가내에 만복이 가득하기 빕니다.

건강하세요.

2008년 세모에

춘여고 선배 이영자

축하의 글

추수하고 감사드리는 풍요로운 이 가을에 이찬해 교수의 음악에 결실을 맺는 은퇴 연주회를 갖게 되어 진심으로 축하드립니다.

독특한 개성으로 감성과 지성과 인고의 사유로 무르익어 온 그의 예술 혼에 아낌없는 찬사를 드립니다. 서양음악과 우리 전통 음악의 화합을 탐구하여 정체성을 찾고 우리 음악 세계화에 앞장서서 열정을 다 했습니다. 특히 판소리 다섯 마당을 6년이라는 긴 세월에 숙성시켜 화합으로 이룩한 것은 우리 창작계에 큰 획을 긋는 쾌거입니다.

21세기악회 회장, 한국여성작곡가회 회장을 역임하고 아세아 작곡가 연맹 부회장으로 국제인 위상도 높이고 2003년 '국제 여성 음악인' 대회를 서울에 유치하여 성공적으로 마친 공로 등은 그의 삶의 소중하고 빛나는 보석입니다.

우리의 스승 나운영 교수가 평생 동안 갈구하고 강요하신 '우리 음악 세계화'가 이찬해로 거듭남에 감사하고 자랑스럽고 보배롭습니다. 푸르름에서 나와 더 짙은 푸르름으로 가라고 하시던 스승의 멘토를 뛰어넘은 이찬해 교수에게 박수와 갈채를 보냅니다.

이제 비록 학교는 떠나더라도 더 넓은 세상으로 넓고 높게 비상하여 고통으로 힘겨워하는 사람들에게 음악 전도사로 치유하는 천사 되시기 바랍니다.

이영자

전쟁의 한 복판에서 뮤즈를 만나다

스승을 기리며…

'음악은 시공을 초월해서 그 어떤 소재, 기법으로 표현하더라도 아름다움의 미학을 가장 깊은 곳에 반석으로 두고 살아있는 영혼의 소리를 담아라.'라는 철학을 일찍이 저에게 심어 주신 스승 나운영 교수님의 26주기에 이 음악회를 헌정합니다.

부모의 축복으로 태어나 만남이란 고귀한 인연으로 저는 여기까지 왔습니다. 삶이 제아무리 고달파도 그 인연들은 모두 하나님의 은총으로 충만했습니다.

1945년 일본의 억압에서 해방되어 나라를 찾고 얼마 뒤 처음으로 우리 글로 된 음악 교과서에서 나 운영 작곡 〈아! 가을인가〉(김수경 詩) 노래를 배우며 자랐습니다. 그 노래가 너무 좋아 곡을 만드신 작곡가가 얼마나 연륜 있고 유명하신가 상상하며 강원도 산골에서 가슴 속에 환상적인 음악의 씨를 품었습니다.

1950년 5월 대학 입학하고 한 달 반 지난 6월 25일 한국전쟁이 나고 대학은 문을 닫고 제 꿈은 산산이 깨졌습니다. B29 비행기가 따발총으로 쏘아대는 그 여름을 300km 가까이 걸으며 고향 강원도를 부모 형제 찾아 헤맸습니다. 연합군의 힘으로 9·28을 맞이하고 선발대로 상경하신 아버지를 극적으로 만났습니다. 두 달 뒤 12월에 북에서 중공군이 쳐들어온다 해서 다시 우리 땅끝 부산까지 밀려갔습니다.

부산 영주동 '가야여관'에 방 하나 얻어 여덟 식구가 앉아서 잤습니다.

저는 국제 시장에서 편물 일을 받아 스웨터, 목도리를 짜서 그 삯을 벌었습니다. 그 시절 영주동에서 대청 동으로 가는 고갯마루에서 동생 둘 데리고 담배를 팔았습니다. 그 언덕길은 황톳길이어서 인산인해의 피난민 발걸음에서 일어나는 흙가루로 전신에 노란 분을 뒤집어썼습니다.

제가 앉은 자리 옆에는 스카프로 머리를 덮고 한 여인이 입던 옷을 들고나와 팔았습니다. 그 젊고 아름다운 여인은 앉은 자리에서 종일 노래를 불렀습니다. 동요도 부르고 그 무렵 유행하던 노래를 쉬지 않고 불러 저는 노래에 도취하고 행복한 마음 되어 너무 고마웠습니다. 전문 성악가가 아닐까 생각되어도 어렵고 수줍어서 말도 못 하고 얼굴만 마주 보곤 했습니다.

사흘 되던 날, 제가 국제 시장에 간 사이 두 동생에게 지나가던 한 남성이 '그 담배를 다 사겠다'해서 싸주었더니 대금도 안 주고 인파 속에 묻혀갔습니다. '한여름 밤의 꿈'처럼 지나갔습니다. 하루 세 번의 밥도 못 먹던 그 시절, 살아야 한다는 일념뿐 부끄러운 마음도 슬픈 마음도 없었으나 마음 한구석 처절하고 절실했습니다.

얼마 뒤 그 길을 걷다가 언덕 위 돌담에 〈나 운영 작곡 교실〉이란 현수막을 보고 홀린 듯 단숨에 올라갔습니다. 열린 대문으로 들어가 "나운영 선생님 계신가요?"했더니 젊은 청년이 나와 "저 방으로 들어가십시오"라고 했습니다. '외출하셨구나…' 생각하고 기다리다 마음이 초조해서 "선생님 언제 오시나요…" 했더니 "제가 나 운영입니다."라고 하셨습니다. 정말로 놀랐습니다. '유명하신 작곡가가 청년이라니… 천재 작곡가다'라고 생각했습니다. 그때 방문이 열리고 사모님께서 나오셨습니다. 저와 눈이 마주치는 순간 우리는 서로를 확인하고 한순간 놀라고 그다음에 미소 짓고, 크게 웃었습니다. 고갯마루 흙바닥에 앉아 흙가루 분 바르며 노래를 부르시던 여인이 사모님이라니… 〈아! 가을인가〉는 선생님의 14살 때 쓰신 노래였습니다. 정말로 하늘을 향해 부끄럽지 않은 소중한, 보석 같은 만남의 순간이었습니다.

1953년 전쟁은 휴전으로 끝나고 우리는 서울로 돌아왔습니다. 그 시절 선생님의 음악 철학인 "선先, 토착화-후後, 현대화"의 작업으로 제주도, 경상도, 전라도를 찾아다니며 우리의 민족성, 민속성의 뿌리인 민요를 찾으셨고 저를 위해 명동의 〈돌체〉, 종로의 〈르네상스〉 등의 감상실에서 함께 벨라 바르톡, 이고르 스트라빈스키의 민속성 짙은 〈봄의 제전〉도 함께 들었습니다. 어느 날은 〈돌체〉에서 올리비에 메시앙의 한 시간 넘는 장대한 교향곡〈투랑갈릴라〉 열 악장도 나누어 들으며 행복한 시간도 가졌습니다. 저의 작곡 노트를 보실 때는 명동 입구에 있었던 작곡가 홍난파 님의 사모님이 운영하시던 조용한 찻집에서 섬세하게 봐 주셨습니다. 그 시절, 저는 〈르네상스〉와 〈돌체〉 감상실의 많은 음반 리스트를 공책에 적어드렸습니다.

1955년 어느 날, 20세기 거장 올리비에 메시앙이 직접 보내 준 초청 편지를 받으시고 무척 좋아하셨습니다. 선생님이 파리에 가시려다 여의치 않아 그 기회를 제게 주셨고 선생님의 힘에 떠밀리듯 1958년 8월 파리로 떠났습니다.

그 거대한 배움의 행운이 어떻게 제게 왔는지 지금도 불가사의입니다.

선생님의 음악 사랑으로 확고한 길을 찾은 저는 그 은혜에 보답도 못 했는데 1993년 10월 21일 홀연히 소천하셨습니다. 그리고 26년이 지나갔습니다.

저의 음악의 길에 기둥으로 서 계셨던 소중한 인연, 음악의 길로 곧게 가는 이유와 목적 앞에 깊이 감사드립니다.

오늘은 선생님께 고마운 인사 드리는 음악의 밤입니다. 선생님의 천 편이 넘는 작품 중에서 제가 좋아하는 세 편을 뽑았습니다. 저의 음악은 선생님이 과찬해 주셨던 〈첼로 소나타 1956〉, 외국 수학 후 '후後-현대화'를 품은 〈피아노 소나틴느〉와 '선先 토착화'로 쏟아낸 〈산조 가야금을 위한 만가〉가 연주됩니다. 스승에게 받기만 하고 효도 한 번 못한 제자의 한 품은 참회와 속죄의 마음으로 이 음악회를 헌정합니다.

스승의 은혜는 하늘 같아서 우러러볼수록 높아만 지네

강소천 詩, 권길상 님의 〈스승의 은혜〉 부르며 선생님의 그 옛날 제자가 아흔 살 문턱에서 고개 숙여 큰절 올립니다.

전쟁의 한복판에서 뮤즈를 만나다. 스승 나운영을 기리며…

2019. 11. 21. 프로그램 서문

2023. 봄

얼마 전 시인 김남조 님 댁에 문안을 다녀왔다. 오랜만에 만나 뵙는 날이었다. 방문을 열고 들어설 때 선생님은 침대에 누우신 채로 아름다운 미소 가득 "어서 와요, 옆의 의자에 앉으세요" 내 마음 가득 행복함이 둥글게 크게 번져 가는 축복이 뿌듯했다. 그리고 쌓여 있는 세상 이야기하기 전에,

"이 선생 노래 좀 불러 줄래요" 웬 노래를… 나는 음악 전공자였지만 노래는 절벽으로 "노래 불러 본 적 없는 데요…" 황당했다. 그런데 나는 음악이 직업이다. 무슨 노래 "아무거나… 노래가 듣고 싶어…" 먹먹 강산 내 인생에 노랠 부르다니… 시인의 가슴이 세 살 아기가 엄마에게 용쓰며 조르는 모습이다. "이 선생 노래가 듣고 싶어요. 침대에 누워서 노래가 듣고 싶어, 어서 불러요…" 황당한 순간 내 유년의 노래가 생각났다. 그것도 일제 강점기 내가 초등학생일 때의 노래……

"아! 그래 아카시아 꽃향기 가득했지…….

오솔길 언젠가 지나간 길이네 아! 그래… 어머니하고 마차 타고 갔지."

왜 그 옛날 일본 노래를 불렀을까. 어릴 적 동심이었을까.

내 눈에 눈물 가득했다. "또 불러…… 계속해서…… 우리 노래 불러요"

오늘도 그 집 앞을 지나노라면
그리워 나도 몰래 발이 머물고
오히려 눈에 띌까 다시 걸어도
되 오면 그 자리에 서졌습니다. (이은상 시/ 현제명 곡)

울면서 부른 그 옛날의 노래, 난 선생님 손을 꼭 잡은 채 "노래는 고만"

외치며 선생님을 힘 가득가득 끌어안았다.

백건우 선생님

건강하셔서 너무 고맙고 감사합니다
윤정희 님 하고 함께 지냈던 paris
대사 안사람 하던 때가 눈물 함께
그립고 ... 이제 저는 94세 삶의
마지막 가까이서 옛날을 그리며 마지막
음악 만들기에 전력하고 있읍니다
앞으로도 외로운 세월 건강하시고
음악속에 주님의 은총 축복 받으시고
건강 하시기 빕니다

2024. 6. 11.
파리대사 한우석의 안사람
존경하는 이영자.

불굴의 의지로 아름답게 승화한 작곡가 이영자

채록연구 후기

이영자 선생님은 나의 오랜 은사이시다.

선생님과의 인연이 어언 40년 가까워 온다.

처음 선생님을 뵈었을 때의 선생님의 연세가 지금의 필자보다 더 젊으셨을 때인데 그때는 선생님이 너무 어려워서 질문도 제대로 못하고 가까이 곁에 가는 것도 조심스러웠던 생각이 난다. 정이 많으시지만 공부할 때는 매우 엄하셨고 학교에서의 모든 일도 굉장히 공정하게 하셔서 학생들이 편안하게 공부할 수 있도록 배려하셨다.

동료 선생님들과의 관계도 좋으셔서 선생님 방은 항상 찾아오는 사람들이 많았다.

더 연세가 드시기 전에 선생님의 인생 여정과 작품분석 등 선생님에 관한 모든 사적 자료들을 어떻게 남겨야 하나 제자들끼리 많은 의논이 있었던 차에 이 작업에 동참하게 되었다. 채록 연구 제안을 처음 받았을 때 과연 이 중요한 작업을 제대로 수행해낼 수 있을까 걱정도 되었지만, 선생님을 영구히 기리는 보존사업에 한몫을 담당할 수 있게 되었다는 기쁨도 있었다.

걱정 반 기대 반으로 채록사업이 시작되었다.

그동안 선생님께서 살아오신 많은 이야기들을 간헐적으로 들어왔지만, 채록이 계속되면서 무궁무진하게 많은 이야기들을 가슴에

품고 계시다는 것을 알게 되었다.

선생님께서는 일제 강점기에 어린 시절을 보내셨고, 해방해서 소년기, 6·25 사변에 청년기를 보내시며 정말 상상할 수 없는 많은 일들을 몸소 겪으시며 살아오셨다.

암울한 시대에 더구나 여성이 공부를 계속하는 것이 얼마나 어려운 일이었을지 구술을 통해 절감할 수 있었다. 요새같이 부모님들의 적극적인 뒷받침은커녕 오히려 음악을 하지 말라시는 아버지와 맞서 그 시대에 유학까지 감행을 하신 용기에 박수를 보내고 싶다.

선생님을 음악의 길로 이끄신 초등학교 음악 선생님이나 작곡에 눈을 뜨게 해주신 나 운영 선생님, 또한 피아노전공이던 선생님의 숨은 재능을 보시고 작곡과로 전과하게 하시고 음으로 양으로 도와주셨던 임원식 선생님을 평생의 뮤즈로 생각하시고 그리워하시는 한결같은 마음도 요새 시대의 젊은이들이 배워야 할 점이 아닌가 생각한다.

6·25 사변 때 서울서 춘천을 3일 동안 걸어가며 보고 느낀 고통, 또한 가족도 없이 홀로 3개월을 지내며 겪은 참담함과 혹독한 외로움, 배고픔 등이 선생님을 더욱더 강하게 만들었으며, 우물 안 개구리가 아닌 세계를 누비며 여러 곳에서 여러 선생님들과의 공부와 폭넓은 경험 등, 그런 모든 것들이 음악에 대한 열정으로, 배움에 대한 갈망으로 이어져 오늘날의 선생님을 재탄생시킨 요인이 되었다.

선생님의 작품에는 恨(한)이 많이 녹아 있고 작품해설에도 恨이란 단어가 많이 등장한다.

이는 작품들에 선생님이 살아오신 내력이 고스란히 스며있는 때문이라 할 수 있겠다. 선생님께서는 당신의 작품에는 핏방울의 흔적이 있다! 한 방울 한 방울 피를 흘리며 쓰셨다! 이런 말씀을 자주 하시는데 구술을 통하여 선생님께서 하나의 작품을 탄생시키기 위해 얼마나 깊은 사고와 열정을 가지고 작품에 임하시는지 알게 되었다. 한 작품이 끝나고 나면 온몸의 피가 다 빠져나가는 느낌이라고 말씀하신다. 이는 비단 작품에 임하는 자세만이 아니고 하시는 모든 일에 열(熱)과 정(情)을 다 하신다. 선생님의 피아노곡 제목이기도 하다.

선생님께서는 당신의 치마폭에 스친 사람들을 다 품어주신다. 그래서 일주일에도 몇 번씩 약식이며, 찰밥이며 음식들을 해서 나르신다. 제자가 이사를 갈 때도, 지인이 아플 때도, 심지어 외국서 잠깐 있다 가는 사람에게도 있는 동안 먹을 물김치 랑을 해서 갖다 주신다. 그들이 맛있게 먹는 걸 보면 마음이 흐뭇하다고 하신다.

선생님 댁에 오는 많은 사람들은 식사 시간이 되면 선생님께서 준비하시는 식탁에서 선생님의 가족과 함께 식사를 한다. 식사 시간에 그냥 보내시는 법이 없다. 6·25 때 배고픔을 겪으셔서일까? 또한, 누가 어렵다는 말을 들으시면 어떻게 해서든지 도움을 주신다. 재정적으로 열악한 작곡단체들이 많은 도움을 받았다. 남모르게 후원하시는 곳도 여러 군데 있다. 작곡가로서만이 아닌 너무나 인간적인, 베푸는 삶을 살고 계시는 선생님의 모습이 아름답다.

선생님은 우리나라 음악계의 산증인이시다.

이번 구술을 통해 여러 작곡단체들이 태동될 때의 이야기들이나 겨우 싹트기 시작한 음악계가 눈부시게 발전해 온 이야기들, 그리고 예술의 보고 같던 명동 다방에서 젊은 혼을 불태웠던 수많은 예술가 등 그 시대를 살지 않고는 체험할 수 없는 귀중한 이야기들을 많이 들을 수 있었다. 아직도 다 하시지 못한 이야기들이 너무나 많다고 아쉬워하신다. 각 회에 2시간씩, 5회에 걸쳐 일생을 구술하는 것이 드라마틱한 삶을 사신 선생님께는 너무 짧은 시간이 아니었나 하는 생각을 해본다. 또한, 나라에서 이런 좋은, 귀중한 사업을 장기간에 걸쳐 계획하여 이뤄가고 있다는데 찬사를 보낸다.

팔순이 넘으신 연세에도 활발하게 작품 활동을 하시며 요즘도 밤을 새고 작품을 쓰시고 작품 구상을 하시는 선생님. 저 뱃속 깊은 데서부터 음악이 샘솟듯 밀려 나온다고 하신다. 연필을 놓을 수가 없다고도 하신다. 어떻게 저 연세에 저렇게 왕성한 작품 활동을 하실 수 있는지 경이롭기까지 하다.

선생님은 하늘이 내신 예술가란 생각이 든다. 청출어람(青出於藍)이라고 했는데 고무신을 벗고 뛰어도 선생님을 따라갈 수가 없다.

죄송한 마음이다.

건강하게 오래오래 좋은 작품을 만들어주시길 바라는 간절한 마음으로 후기를 마친다.

고맙습니다.

2014년 11월 30일 깊어가는 가을 저녁에

한혜리

- 2014년도 한국 근현대 예술사 구술채록 연구시리즈 237 -

II

2015년 정월 Paris 반세기 추억 더듬기

(1월 31일~2월 23일)

2015년 1월 31일

아침 8시 15분 전에 Café Danton에 앉아서 Expresso 한 잔 마시고 Grace 8시 10분쯤 만남.

걸어서 St. Germain de près Café Les Deux Mago에서 점심. Grace는 Tartare, 나는 Club 샌드 먹고 Bus타고 Passy 향해 가다.

괜히 그곳에 갔다. 혹시 jolie choses 있으면 은미 사 주려고… 했는데… 비는 죽죽… 비 맞고 걷고 추위에 떨고 집에 와서 뭘 먹었나…

Champagne 따서 마셨다.

2월 1일 일요일

그냥 나가 Notre Dame 성당 11시 30분 미사 참여. 영성체 하고…

Ile St Louis에서 Crêpe, 집에서 Full Course 3가지 먹었다. 비는 맞고 집에 왔다가 5시 American Church에서 Pianist Recital 보고 집에 돌아와 누룽지 끓여서, Champagne 마시고 밤 11시에 Hibou에 나가 칵테일 한 잔 시켜놓고 새벽 1시에 나오다.

Pianist Julia Helena는 Belgium에서 출생인데 여성적 용모에 남성

적 터치, 기교, 섬세성이 좋았다. Grieg의 'Pièce Lyrique' 8곡, Bthv. '32변주', Gershwin의 '피아노 변주곡', Federico Mompou(첨 들었다), 마지막 Chopin 'Scherzo No2. op31', 바구니에 10 Euro 넣고 나왔다.

2월 2일 월요일

절대로 Sorbonne… Danton에 있는 소르본 갔다. 친절하게 적어 주었다. 광장 Sorbonne에서 헤맸지만 enfin 11시 반이니까. PM 2시에 오라 해서 갔더니 월요일은 오전 근무… 못 됐다.

빤떼옹(나폴레옹, 빅토르 유고가 내 발아래 잠들어 있다) Rue de Clotilde 뒷골목(Place de la Contrescarpe)에서 Saigon(월남) Phó 먹고 다시 Sorbonne 가서 다시 시작. 갔더니 문 닫음.

올 때 Monoprix 장 보고 왔다.

Champagne 남은 것 + gâteaux, 4시쯤에 Place Bogets 산책, 캐시미어 세타 4개 사고 돌아오다 저녁은 Danton Café에서 Entrecôte et Pomme sauté 먹고 집에 와서 목욕하고 뻗었다. 정말 85세 힘든 하루… 종일 거리를 걷는다는 것 더구나 고관절이 깨진 내 다리로…

2월 3일 화요일

아침 일찍(10시) Sorbonne 가서 끝까지 찾고, 성공. 샤틀레 근처 Louchébem(옛날 푸줏간)에서 점심 먹고 추운데 Pont Neuf 모퉁이 Taverne에서 fois gras 샀다. 3시에 Lafayette 백화점 가서 arche 구두(부츠)와 robe(George réch) 사고 돌아옴. 우동 먹었음. 감기 들었음.

June Tel하고 푸줏간 식당가면 고기 먹는 건데 Entrecôte 안 먹고 Kirche 먹었다고 쿠사리. Menu판 보니까 고기 1인분이 400g이라고 쓰여 있는데 어떻게 먹어… 먹기 전에 질리지… 내 옆자리 아프리카 남자는 그 400g을 금세 먹어 치우더군. 겨자를 노랗게 발라서… Pomme de Frites랑.

2월 4일 수 Mme Eicher 집 점심 초대

아침에 Grace 나가서 gâteaux 6개. pain은 아침 먹고. 11시에 내가 나가서 Mandarine + fraise+ apple 사 들고 12시에 맞추어 Metro 타고 Mme Eicher 집에 가다. 5시에 Au Bon Marché 가다.

점심에 소르본 한국어과 교수 Mme 이병주 만나 그녀 혼자의 Paris 역사 45년을 떠들고 우리는 듣다.

어제 남은 우동+Sauternes 어울리지 않는데 먹음.

Grace는 pain과 salade frisée, tomato batavia 엉터리 salade지만 C'etait très bon! 이래서 행복.

2월 5일

뭐 했는지 깡그리 생각 안 나네…

생각났다. 'Flûte de Pan' Grace랑 같이 가서 A. Louvier의 'Trio'

하고 Bartók 'Violin Concerto No.1' 사고 왔다. Grace Maxmara coat 660E 샀다. 고생 끝에. Monparnasse Vavin Port Royale (38Bus) 네거리. 옛날부터 있던 식당에서 나는 Tartare, Grace 생선 + Wine 먹고 떨고 오다 너무 추워서 집 앞 유명한 Chez Café Editeurs 가서 Entrecôte avec Bordeaux 반병 마시고 Ile Flottante 먹고 와서 뻗어 잤다. 감기몸살 쑤시고 아픈데 잘도 돌아다녔다.

2월 6일 안영신 만나다

12시 반에 Opera '만다린'에서 안 영신 만나서 요란하게 떠들고 마시고 (60E) madelaine 걸어서 KAL 들려 비행기 귀국 바꾸고 Printemps 백화점에 갔다가 지쳐 나오고 Café에서 한잔하고 헤어져 집에 왔다. 1시간 쉬었다. 감기가 꽉 들었는데 밤 2시에 몰래 나가 오곡밥하고, 김밥 4개 쌌다(단무지, 계란, 박고지, 유부). 짤 것 같은데… 부엌에 놓고 3시에 잤다.

내일 새벽에는 Grace 미국 간다. 아침도 못 먹고 갈 테니까….

2월 7일

아침 7시 30분에 가방 끌고 Odéon 큰길 St. Germain에서 Taxi 실랑이하다 성공. Taxi 기사가 동양 사람이라 좋았다. 가방 신고 내가 50 Euro 기사 주고 갔다. 뒤에 Grace 카톡하고 débrouille 잘했단다. 새벽 Taxi는 48 Euro 나왔다고, 새벽에 달렸겠다. 그리고 종일 잤다. 감기가 정말 가슴 속부터 저리게 기침 나옴. 한 7시간쯤 비행기 탈 테니, 밤에 New York 무사 도착. 그때 가서 김밥 꺼내 먹었는데 소태소태 너무 짰단다.

박고지, 단무지, 계란, 유부 모두 짠 것뿐이니… 뒤에 June이 줄리어드에서 가르치고 돌아와 저녁 같이 먹는데 June은 단무지 빼고도 김밥을 반찬으로 흰 밥 먹으면서 김밥 반찬으로 먹었단다. Grace는 그날로 미장원 가서 머리 자르고 다음 날 아침 Hartford 간단다.

다음 날 일요일 8일

나는 온종일 잤다. 안영신이 고깃국과 시금치나물, 숙주나물 갖고 와서 잘 먹었다. 밥도 한 통… 일주일은 그 밥과 국 먹으면 된다.

감기가 된통 걸렸다. 인생이 괴로울 만큼 가슴 속부터 울리게 기침 나고 자려고 누우면 내 숨소리에서 말이 들린다. '사모님, 사모님' 하는 소리… 음악이 들린다. 2일간을 꼬박 안 나가고 쉬었다.

2월 9일 월요일

늦잠 자고 일어나서 머리 염색 + 목욕하고, 있는 밥 먹고 산책.

Monoprix, St. Michel에서, 아니다. 월요일은 일주일 métro 표를 사야 하는데 안 했다!! 매일 나갈 일도 없는데… 그래서 métro 표 한 장 내고 Rue de Rome ' Le Flûte de Pan'에 가서 R. Strauss의 'Burlesque(Piano) Concerto', 며칠 전에는 'No.1', 오늘은 Bartók 'Violin Concerto No.2', 'Rhapsodie pour Violin I, II' 샀다. 돌아오면서 Paul에서 galette인가… 왕관 쓰고 먹는

Gâteau 13E 주고 사서 Concierge 주었더니 입이 찢어지게 좋아했다. 잘했다. 나는 Paul의 Baguette 1.2 주고. 들어와 Fromage랑 Wine 샤또 네프 de Pape하고 먹었다.

2월 10일

서울의 수필교실에 내 편지가 가서 단체로 카톡에 걸려 카톡 소리만 난다. 100통은 왔나 보다. 어쨌든 짧지만, 그 순간에 통할 수 있어 기가 막히게 좋다.

점심 일찍 먹고… 뭘 먹었나가 문제다. Grace 김밥 싸고 남은 밥, 계란, 단무지, 박고지 넣고 김 한 장으로 말아 두툼한 김밥이 됐다. 짠 것도 같았으나 좋았다. 먹고 St. Michel C.D 가게 가서 땅바닥에 주저앉아 골랐다. 난이가 좋아하는 벵겔로프의 'Concerto' 8곡은 난이에게, 나는 Burlesque와 Monpou의 Piano곡, Monoprix 들어가 머리 염색약 2통, 내 Hair Spray 사고 집에 와서 한잠 자고 4시 반쯤 다시 걷기.

Bonaparte Pierre Hermé(준이 좋아하는 마카롱 집) 들어가서 둘러보고 나오다가 만다리나 Duck 앞에 머리 터지게 사람이 많아서 들어갔다가 나도 bag 3개 샀다. June이 좋아하니까, 하나 보내고 성북동에 하나 주고 내가 하던, 난이가 하던, bag이란 게 있어도 자꾸 바꿔 들고 싶은 거니까… 60% solde 싸게 사서 좋았고 선물도 하나 해결됐고 기분 좋았다.

밤에 돈키호테 듣다가 June이 전화해서 그 가방 사진 찍어 카톡으로 보냈더니 너무 좋단다.

난 아직도 김남조 선생에게 편지 안 했다. 부담이다. 윤 교수도 폐에 용정이 생겼다는데 폐 같은데 왜 생길까, 늙으면 모든 곳이 가만히 못 있고 탈이 나는가. 두렵다. 나는 지금 85세 되면서 Paris에 혼자 와서 동분서주 천방지축으로 살고 있는데. 살림도 남편 밥도 다 버리고 혼자가 좋다고 왔는데. 미친 여자 같다. 옛날, 옛날 친구 전혜린 있었으면 "언니 너무 잘했어. 아주 많이 잘했어." 하는 소리가 귓전에 들리는데 그녀 때문에 이 연륜에 왔는지도 모르는데… 시공만 있을 뿐… 그립다…….

아침에 화장하고 무거운 철 대문 열고 나가면 착각할 때가 여러 번.

꼭, 내가 아직 학생 시절을 계속하고 있는 것 같은… 발걸음도 빨라지고 오라는 데도 없는데 달려가는 자세로 걸으니까… 착각, 착각, 나이는 늙었어도 몸도 늙었어도 아직도 내 마음은 청춘에 있나. 그렇다면 백치가 되려나. 어쨌건 서울선 못 느끼는 행복, 축복이다.

김남조 교수님 10일 밤

파리에 와서 꼭 한 달이 갑니다. 서울이… 선생님 가슴 아픈 일들이 제게도 저리지만 마음뿐 아무 도움 못 되어 그냥 세월이 묻혀 겹쳐 갑니다. 6주의 혼자 여행도 이제 2주 안 남았습니다. 그동안 석이 씨는 잘 치료되어 가는지… 세월 빨리 가는 만큼 쾌유도 빠르기 빕니다.

저는 편히 지냅니다. 아파트도 넓고 둥근 큰 상에 저의 오선지도 다 펴 놓고 혼자 먹는 밥 간단하고 나가서 혼자 지나가는 나그네들의 모습에서, 걸음에서 옛날 생각도 하며 노년에 큰 보너스입니다. 전화도 못 하고 쥐 죽은 듯 혼자 숨 쉬는 게 이상하지만 이렇게 살아야 작가가 되는 게 아닌가, 다시 생각합니다. 수필은 못 써도 오선지 들고 온 것은 방으로 가득 펼치고 생각하며 쓰며 이 나이에 고민하는 것이 행복입니다.

Piano로 5중주, 4중주를 횡적으로 끌어갔고 비어있는 자리는 서울 가서 봄내 여름내 가야겠지요.

이번에 살고 있는 아파트 동네는 Paris의 심장부 Odéon으로 한 정거장 걸으면 유명한 예술가들이 다 모였다는 St. Germain-de-près의 Deux Magot라는 Café가 있는 곳입니다. 일 년 내내 사람들이 모여드는 곳, 아무리 세월이 가도 100년, 200년이 지나도 나만, 나그네들만 그 Odéon, Paris의 골목을 살짝 스치고 갈뿐 Paris는 큰 기둥으로 서 있는 것 변함없을 것 생각하니 약 오릅니다.

파리! 왜 너는 세월과 함께 늙지 않느냐고.

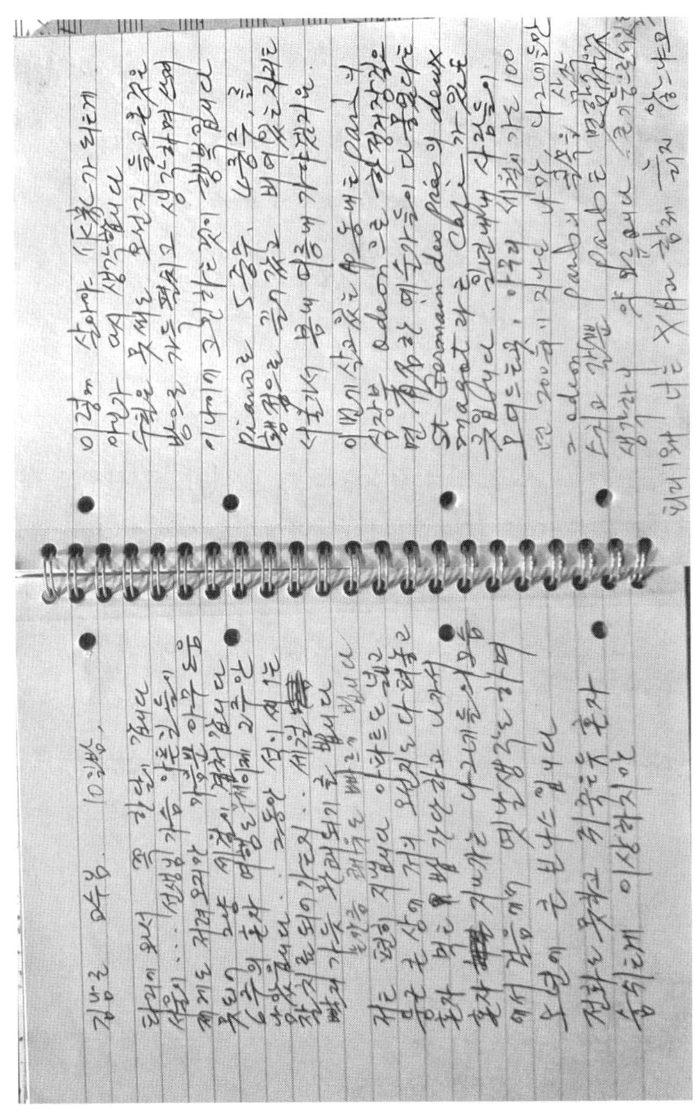

2015년 2월 13일
윤재천 교수님 Paris에서 문안드립니다

새해에도 건강하시고 가내에 축복 가득하기를 빕니다.

지난 주일에는 Notre Dame 성당에서 아침 미사 드리며 고향을 위해, 사랑하는 분들의 은총을 빌었습니다.

입원하신 소식도 접하고 교수님도 저도 최고령의 삶의 길목 아닌가… 감사의 기도 드렸습니다.

Paris만이 지닌 보이면서, 보이지 않는 예술혼의 향기 맞고 영감 받으려고 찾아오지만, 옛날 같지 않은… 쇠퇴함. 그 진수도 세기적인 현상이랄까. 시대사조 따라 많이 변했음을 느꼈습니다. 제가 늙은 탓, 마음도 몸도 변한 것인지 씁쓸합니다. 아니 Paris는 옛날부터 지금까지 변함없이 장한 모습으로 존재하고 사람들만 사뿐히 다녀가나 봅니다. 흔적도 없이 유구함에 고개 숙입니다.

미라보 다리 아래 흘러가는 센 강물도 그 옛날의 사랑 아니고 오늘의 사랑이듯, 추억 말고 미래를 꿈꾸고 찾으려고 안간힘을 쓰는 제 모습이 때론 애처롭지만 그래야 노년의 저의 음악 어법에서 새로움을 찾는 이유가 되지 않을까요.

건강 유의하시고 새해에도 행복하시고 모여드는 제자들 앞에 편안한 명강의 계속하시기 빕니다.

저도 처음엔 문학을 배우러 갔지만 이젠 모든 것 접어놓고 그냥 좋아서 숨 크게 쉬러 갑니다. 그 숨 속에 영감이 함께하고 있어 행복합니다.

Paris에서 이영자

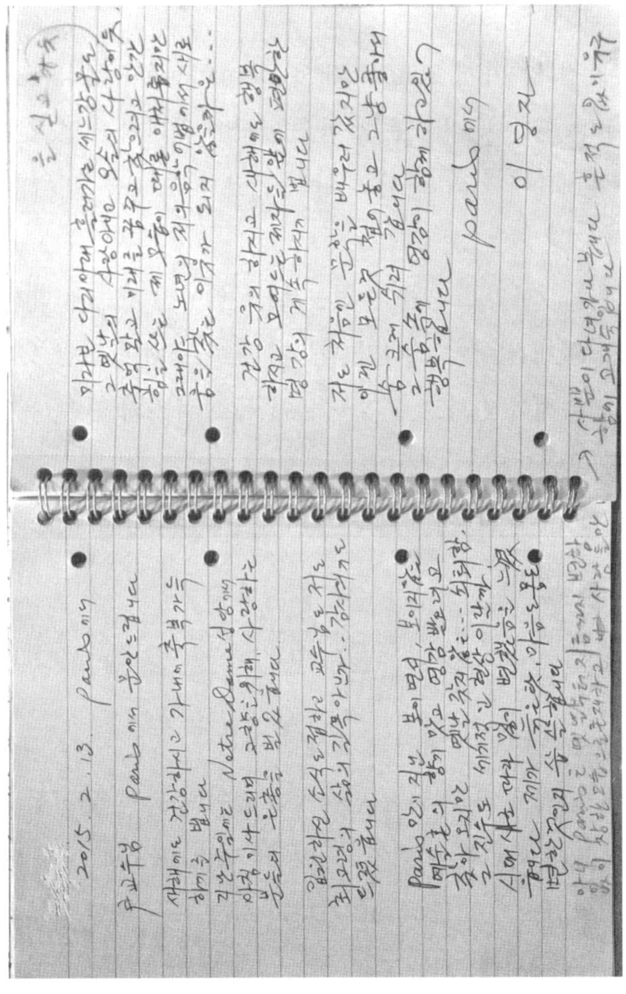

2월 12일(목) Paris

12시에 집 앞 카페 Editeurs에서 Dominique와 점심을 먹고 나와 500 Euro를 바꾸려고 은행 비슷한 곳에 갔다가 거절, 건너편 길에 있는 Poste에 가라 해서 내일 가기로 하고 우리 집에 와서 수다…….

선물이라고 까만 조끼를 주었는데 그 앞에선 됐는데 다시 나 혼자서는 어떻게 입어야 조끼가 되는지 혼자 쇼하며 한참 웃다가 그녀에게 전화해서 전화로 설명… 둘이 폭소 폭소의 연속. 유명 디자이너라는데… 멋있는 디자이너…….

3시에 Dominique 가고 나는 96 bus타고 Monparnasse 종점 가서 묘지 산책했다.

1). R. Desnos '개미'의 작사자

2). Baudelaire 무덤 참배했다.

허술한 한국 여인이 바치는 제삿날이다!

저녁엔 밥 먹고 카톡, 카톡… 작곡은 접어 두고 수필도 접고

Grace 뉴욕 다녀온 이야기, 둘이 밥 먹고 dessert 먹은 이야기, Grace 저녁 bus 타고 Hartford 가다가 사고 나서 막힌 이야기…….

카톡+ 전화 2시에 잤네.

2월 13일 금요일

금요일이니까 아침에 Poste에 돈 바꾸러… 건너편 은행에 가라고 하고 은행에서 은행 거래 없다고 냉정하게 거절하고 Money Change에 가라고…….

St. germain-des-prés 번화가에서… Money Change 여자(까만)가 안 된대고… 수수료를 떼어야겠지. 수표도 아니고 현금인데 한국 돈도 그럴까.

하긴 식당에서 10만 원 먹고 80만 원 돈 바꿔 달라면… 서울에서도 의심하려나.

US 100불 바꾸면 70 Euro 준다니 기겁하겠고, 다 거절당하고 집에 와서 육개장에 청양고추까지 넣고 씩씩거리며 먹고 딸들에게 카톡! 이런 무식한 나라 어디 있냐고 비문명의 나라야 한심! 외쳐댐.

밥 먹고 다시 나갔다. 5일 전 은미 있을 땐 얼어 죽게 춥고 비만 오고… 우중충하더니 어제부터 봄… 봄 날씨에 햇빛도 쨍쨍… 코트 치렁거리며 묘지 산책!

날씨 좋을 때 La père la chaise… métro 바꿔 탈 때 좀 강산 헤맸지, 무사히 잘 갔다. 제일 큰 묘지라 언덕길 걸어 헤맸다. Chopin 찾고. 쓸쓸한 묘지에 꽃 한 송이 없는데 Chopin의 무덤에는 싱싱한 장미도 이름 모를 꽃다발도 가득 있었다. 몇 세기 지나도 여인들이 좋아하나 보다. 나도 사진 찍었다. 혼자 찾아온 청년에게… 그는 묵념하며 우는 것 같았다. 부모였나. 돌아올 땐 절룩이며 집까지 왔다. Barzac(1799~1850)도 그곳에 Maria Callas(1923~1977)도 요즘 사람인데 Paul Ducas(1865~1935), 이브 Montand(1921~1991)도 무엇보다 유명한 극작가 Molière(1622~1673)도 Chopin(1810~1849)

도 Edith Piaf(1915-1963)도 Simone Signoret(1921~1985)도 작곡가 Francis Poulenc(1899~11963)도…….

Monmartre 묘지공원엔 내가 좋아하는 사람이 더 많은 것 같다.

저녁엔 발이 아파 더 나갈 수 없고 음악회 가려다가 그만두고 라면을 먹었다.

여행자에게 현금 500 Euro 지폐 안 바꾸어주는 나라를 왜 나는 좋아하나!

2월 14일

새벽 4시에 자고 7시 전화 bell로 깨다. 안 영신 선생, 어제 종일 Tel 했단다. 밤엔 그냥 조용히 혼자 전화 안 받고, 12시 넘어 Grace하고 카톡 연속.

어디 가서 뭐 먹어라. 딸은 딸이다. 딸 없는 사람 이런 맛 모르겠지.

오늘 12시 반까지 음식 싸 들고 온다 해서 대청소하고 기다리는 중, 며칠 뒤면 설날인데… 나는 양력설 했으니까.

난이가 카톡 했는데 박근혜 대통령이 선물을 보냈단다. 놀랐지만 예술원 회원 명단으로 왔겠지. 하긴 그 전 대통령도 carte는 왔다. 가문의 영광이라고 잘 간직하고 있다.

김남조 선생님께 한자 띄워야지!

김남조 선생님

새해에도 복 많이 받으세요.

무엇보다 건강하시고 가내에 웃음 가득하길 빕니다.

파리에 와서 한 달이 갔습니다. 이렇게 충실하게 '나'만을 위해 숨쉰 적이 없었는데 정말 하느님이 내 삶의 마지막에 이런 축복을 주셨습니다. 30평 되는 아파트에 혼자 칩거하고 내가 하고 싶은 것만 했습니다. 6주의 약속도 다 가고 이제 10일 남았습니다. 눈 뜨면 음악 듣고 그 곡에 빠져 분석하고 쓰곤 했습니다. 혼자 먹는 밥은 아무렇게나 아니면 거리에 나가 아무 데서 아무렇게나 사 먹고 즐겼습니다. 아무 방해도 없이 본연의 모습으로 그냥 먹고 자고, 보고 걷고, 생각하고, 쓰고, 인간 무엇을 얻고 가는지 모르지만, 삶의 정리는…

파리의 심장부 쌩 제르맹 데 프레 뒷골목이 아파트여서 나가면 옛날의 문인들이 끓었다는 찻집에서 마시고 먹곤 했습니다. 2차 대전 후 부흥했던 동네 Café Les Deux Magot, Flore, Lipp등… Sartre, Simone de Bauvoir 등이 진을 치고 문인, 화가, 음악인들이 끓는 자리에서 저도 혼자 책을 들고 가서 마시고 먹었습니다. 하나도 낯설지 않은데 저도 놀랐습니다. 그 동네 아파트에 '슬픔이여 안녕' 쓴 프랑소아즈 사강도 살고, 마르그릿드 뒤라스도 살고… 에디뜨 피아프도 살고, 줄리엣 그레코도 살고…

지금은 관광명소가 돼서 언제나 그곳은 만원입니다. 겨울은 춥고 여행자가 없다는 데도 이방인이 아닌 Paris 사람들이 그것도 나만큼 나이 든 할머니들이 혼자 앉아 먹고 있습니다. 나는 한 접시 먹고도 남는데 그들은 전체, 고기 후식 먹고 café 마시는 걸 보며 놀랐습니다. 어느 배에 다 들어가지? 노인인데… 혼자 즐기는 모습에 역시, 했습니다.

이번에 와서 몇 개의 음악을 쉽게 영감 얻었는지 순조로웠습니다. 횡적으로 음악을 끌어 끝까지 구성했습니다.

서울 가면 연필 귀에 꽂고 웃으면서 부엌살림 꾸려갈 듯합니다. 얼마 후 다시 짜증이 나면 그때 또 Paris 오면 영감이 매일 나올 것인데 이 나이에 세월 더 가도 비행기 탈 수 있을지… 비즈니스 칸 타니까 수평으로 침대처럼 잘 수 있어 좋았습니다. 시차 극복도 하늘만큼 땅만큼 좋아서 왔으니까 행복했습니다.

아프신 석이 님 차도 있는지요. 마음 한구석 너무 무거워 얼른 소식도 못 드렸습니다. 이 편지 가고 2, 3일 뒤면 저도 서울입니다. 2월 24일 비행기 타고 25일 저녁 도착입니다.

가서 전화 드리겠습니다. 건강하십시오.

2월 15일

안영신과 밥 먹고 그가 돌아간 뒤 Mme Eicher, 화가 Monsieur 부부 Mme 안은희, 안영신 Piano 19일 떡국 초대.

비 오는데, 우산 쓰고 Bonaparte에서 P. Hermé 들려 산책. 7 rue madelaine에 가 볼까 (Mandarina duck) St. Germain 성당 들러 30분 앉아 성모송 외우고 기도. 일요일(내일) 11시 미사 참여하기로 하고 돌아와 된장찌개 끓여 밥 먹다.

그리고 밤에 카톡, 김남조 카드 쓰고 3H 넘어 잘까?

2월 16일 월요일

아침 9시 50분 Café Danton에서 Expresso와 Croissant으로 아침 먹고 이 승자, 서명숙 님께 carte 쓰고 10시 40분 métro 들어가 Bastille행…

11시 30분에 Bastille 내린 자리에서 Mme Eicher와 만나기로 했는데 그는 métro 5번 선, 나는 1번 선에서 각각 45분 기다리고 있었음. 11시 50분에 기권하고 집으로 돌아오려다 이병주 교수를 만나고… 5분 뒤 Mme 만나고, 그리고 그 café를 찾아가다 Eumi 님을 만나 넷이 잘 먹고 나서 그의 Studio? Boutique 아니 galerie에 가서 gâteaux et café 마셨다. 배불러서 자고 싶었다. 그 옛날 철둑길에 Arche를 시에서 만들어 Bastille에서 Vencenne 공원까지 4Km 이어지는 길이 너무 아름답다. Paris는 구석구석이 모두 역사와 신비와 이야기(Legend)들이 크게 작게 숨 쉬고 있는 신화의 원산지 같은 곳이다.

우리는 둘이 Arche 위로 올라가 Bastille까지 절뚝거리고 그녀는 지팡이 짚고 걸어와서 metro 앞에서 헤어졌다. Philharmonie Hall I을 구경하려다가… 역시 노년의 몸은 피곤했다. 그도 나도 85세 접어든 노쇠의 몸이 아닌가.

돌아오는 길 Port Royale 에서 내려 19일 설날에 먹을 6인분 떡, 만두 사 들고 돌아왔다. 밤엔 그냥 뻗었다. 자고 싶다. 카톡은 많이 오고 나도 많이 했다. 밤에 Dominique와 Tel하고 500E 바꾸는 것 얘기했다. 화요일 아침에 Champ- Elisée 외환은행 가기로. 똥티 마셨다.

2월 17일

아침에 은행 가려고 서두는데 혜리가 Tel 했다. 답답… 많은 사람하고 카톡하고 사진 보내고 새해 인사했는데 혜리는 아직도 구식 Tel이라 카톡이 안 된다니… 수문당 최 실장도 Business 다 했는데, 서울이 조용한지 별 소식도 없고. 은행 간다고 짧게 끊고 café도 못 먹고 뛰어나갔다. 4번 선에서 1번 타고 F. Roosevelt에 내렸더니 바로 은행. Mme 정 만나 돈 바꾸고 나와 Av, Montaigne를 걸었다. Chanel, Celine, dior만 옛날 그 자리. 많이 바뀌었다.

Jean Louis Shalaire는 없어지고… 없어진 Boutique도 많았다. 사진 찍으며 삶의 무상함, 흥. 쇠를 보며 Seine Alma Marçeau까지 걸어 멀리 보는 에펠탑도 보고 Chez francis 식당도 문 닫은 것 보고… Rond Point 돌아 어느 café에 들어가 Entrecôte, pomme de frites avec Salade + café 먹고 나왔다. Paris의 모습은 낡아도 그냥 있는데 그 자리에 앉은 사람만 바뀌어 간다는 서글픈 삶의 철학, 흔적이 담담하고 잔잔하면서 슬프기도 했다. 밥 먹고 나와 métro 들어가 Concorde에서 내려 Madelaine 성당 쪽으로, Rue Royale에 있는 이세이 미야께 찾았지만, 아무것도 없고, 사람도 없고 La Durée 들어가려다 사람 많았고… 그런데 그때 똥 Tea의 효과가 오다니 급하게 Place Madelaine의 옛날의 Chez Durand에 왔다가 자주 들리던 Café에 들어가 해결… 아휴! 살겠다! 연발하고 Tarte Tatan+Expresso 먹고 마시고 Opera까지 가서 27번 타고 돌아왔다. 피곤했지만 하느님 감사합니다. 연발이다. Luxembourg에서 내려 공원에 들어가 George Sand의 동상을 찍고. 너무나 깨끗하고 제비 똥 하나 없이 하얗게 이뻤다. 누가 지나가면 Sand 곁에서 사진 찍고 싶었는데… 아쉽지만, 공원 담을 끼고 걸어 쉽게 빨리 집에 왔다.

참. Sandro Boutique에서 감청색 봄 coat 365E 주고 샀다. 봄에 먼지 많이 있을 때 중국에서 먼지 날아올 때 입으면 좋을 것 같았다. 쌍둥이 선물은 앞치마 하나씩, 열쇠 달린 일기장, 예쁜 Boal 하나씩. 그전에 사둔 겨울 양말이면 끝났다. 집에 와서 쉬었다가 다시 나갔다. Stravinsky의 'Chant du Rossignole'.

Orch가 없었고 Vila Lobos의 '기타 concerto'도 못 찾고 19일 떡국 Party 용 채소, 냅킨 사 들고 요리책 사 들고 와서 뻗었다.

지금은 새벽 3시 40분, 서울은 점심때, 미국은 초저녁 다들 잘 삶을 그 나름으로 뛰고 있겠지…….

18일 새벽이다. 나는 초저녁에 자고 그래도 11시였지만 3시간 자고 두 시에 깼다. 책상 위는 어수선하고. 19일을 위해 청소도 하고 좀 더 자고 낮부턴 Party 준비… 나는 정말 못 말리는 할머니다.

메뉴: 안영신이 만들어 온 것 ①갈비찜(좀 내가 보태서) ②김밥 4줄 말고 ③불고기 ④내가 만든 엉터리 김치 ⑤ 숙주+오이 초무침 ⑥ 전 약간 할까 말까 ⑦ 떡 만둣국 ⑧ 안 영신이 해물 볶음 만들어 온대고… 많다. 그런데 19일은 먹고 나면 뻗겠다. Dominique도 초대하면, 화가 부부, Mme Eicher, 갤러리 Eumi, 안영신, 나인데 이병주 씨 Tel 해 볼까…….

서울 가면 3월부터 바쁘겠다. 수필 써야지, 작곡 다시 들여다보고 시작해야지. Amen이다. 그러나 충만해서 좋다. 어제부터 발에 무좀 생기는 것 같아 불안하다. 나는 가끔 그러니까. 많이 걸은 탓일까, 오늘 약국 들려보고 길 건너 야채 가게 다녀오고 청소하고 사람, 손님 맞을 준비 완료.

내 집도 아닌데 배짱인데 부엌 일이 몸에 밴 탓인지 설날이라고 그냥 못 넘어가네.

2월 18일 Party 준비

아침에 장바구니 들고 나가 Odéon Marché에서 채소, 생선 사 들고 왔다. 19일이 구정이라고 이곳에 사는 한국 분 6명을 떡국 먹으러 오라고 초대했다.

내 집도 아닌데… 점심을 쌈밥으로 먹고 떡국 먹는 대접도 없어 대학가 책방에서 선물용으로 본차이나 작은 대접을 어제 두 개, 오늘 두 개. 서울 가면 손녀딸 선물로 주면 좋아할 것 같다. Paris 그림의 앞치마 두 개, 일기장에 자물쇠 달려 두 개… 갈 날도 얼마 안 남았다. 저녁부터 생선전, 고기전, 호박전은 내일 아침… 그래야 파란색이 살아있으니까.

10시에 자고 11시 반에 일어나서 밥을 짓고 김밥 준비를 하고 만두 국물 끓여놓았고 김밥 말고 나니 두 시가 됐다 자야지! 자야지. 세계에 흩어진 가족들의 카톡에 자려다 깨고 자려다 깬다.

Paris가 내게 왜 좋은가 무엇을 내가 얻고 무엇을 내게 주었는가 자주 생각한다. 아침 10시쯤 그냥 Ap의 무거운 철문 열고 큰길에 나가면 그때부터 활기와 환상의 바람이 영하의 추위보다 더 강하게 내 마음을 찌른다. 어디로 갈까 목적도 없다. 나를 부르는 사람도, 가야 할 곳도 없다. 그냥 간다. 그것도 빠르게. 80 넘은 고령의 할머니의 어정쩡한 걸음은 없다. 모두 활기차게 빠르게 신나게 간다. 그 물결에 나 또한 빠르게 간다.

환상이다. 1958년 내가 Paris에서 공부하던 그때의 연장선에 있다. 망설일 것도 없이 지하 전철 그냥 타고 정거하는 곳을 살피면 갈 곳이 생각난다. 약속 없이 혼자서 정처 없이 활기차고 가슴에 뿌듯하게 행복을 안고 간다는 것 아무에게나 모두에게 다 있는 게 아니다. Paris의 esprit. 글로 말로 배우는 게 아니고 숨 크게 쉬고 느끼는 것이다. 식당에서 그것도 역사적인 이야기를 많이 담고 있는 Editeurs에서 후배. 딸 같은 음악 후배와 밥을 먹었다. 어머니 같은 선배라고 사 준다고 불렀는데 우린 좋았다.

1970년대부터 Paris에 오면 만나는… 그는 45년을 이곳에서 산다. 음악학교 교수가 되어. 보기에도 기특하고 사랑이 간다. 밥값 계산할 때 내 가방에서 500유로 한 장을 꺼냈다. 여행하려니까 부피가 없어서 500 했는데 garçon이 돈을 보더니 고개를 절레절레 못 바꾸어준단다. 왜 안 되는데!

너무 액수가 커서… 아니 이렇게 문전성시의 큰 그리고 유명한 식당에서 있는 돈으로 내고 나와 옆집이 은행이라 들어갔다. 안 돼 건너편 우편국에 가 보란다. 우편국도 놀라며 안돼… 환전소가 옆에 있어 갔지만 안 돼! 그럼 여행자는 어쩌라고… 이해가 안 된다. 이게 Paris의 오늘날이다. 옛날에도 그랬던가. 내가 공부하던 그 옛날 1950년대는 유학생 송금 140불이었다. 40불 정도가 하숙집 방값이고 식사는 Sorbonne 학생 식당에 언제나 20, 30m 줄 서서 먹었고… 그리고 들어가면 다 먹은 음식 불어터진 콩만 남아있어 우울했다.

숙제가 많아 머리 헝클어지게 콩나물 풀다 보면 식당 갈 시간 놓치고 비스킷 쪼가리로 물을 마시곤 했다.

결국, 나는 500 Euro를 Av. 샹젤리제 한국 외환은행 가서 바꾸었지만, 그곳도 자유롭게 바꿔주는 곳이 아니었다. 동포의 여권 보고 바꾸어주면 될 텐데 무엇이 꼬여 이렇게 변했는지 씁쓸했다.

2월 19일

3시 넘었으니 19일이다. 서울은 차례를 지내고 뻗었겠다.

나도 몇 시간 자고 Party 해야지.

오늘 우리 집 파티는 여섯 명으로 시작해서 아홉, 또 늘어 열네 명이 화려하게 모여 잘 먹고 잘 놀아 모두 행복했다. 여행하는 사람이 객지에서 이렇게 큰 설날 파티를 하다니… 그 칭찬에 나는 더 행복했다.

2월 22일 일요일

신수정 교수

Paris에 혼자 날아와서 40일이 지났습니다.

두 주일 전 일요일엔 11:30~ 12시 30분까지 Notre Dame 미사에 참여하고 지난주에는 St. Germain성당 11시 미사 보았고, 오늘은 Trinité 성당 미사 보고 Messiaen을 추모하려고 생각했는데 약속이 생겨 못 하게 됐습니다. 내일 둘러보고 혼자 기도하고 나오지요.

Invalid 근처 rue de Grenelle의 대사관 근처에 있는 St. Clotilde 성당도 가고 Panthéon 뒤에 rue de clotilde도 산책했습니다.

Paris에 오면 뭣 하나… 다들 궁금하게 생각하고 묻는데 답하기가 어렵습니다. Paris가 내게 무엇을 주는지, 내가 무엇을 얻으러 오는지 걷고 보고 느끼고 생각하고 Paris 속에 나의 인생이 있다는 게 신기한 사실이고 나는 그 속에서 그 옛날(60년 전)과 남은 미래를 동시에 꿈꾸며 전설처럼 더듬고 있습니다.

아침에 눈 뜨면 베토벤의 'Violin Sonata7번 cminor op30 No2', '8번 G op30 No3', '9번 a minor op47 Kreutzer', '10번 G op96', 4개의 Sonata를 거의 2시간 들으며 무엇인가 합니다.

음악으로 삶과 죽음은… 몸이 젊어서 많이 들었던 음악, 내 삶의 아련한 젊었을 때 음악을 잘 몰랐을 때 나를 지탱해 주던 음악입니다. 한국전쟁 나고 부산으로 피난 가서 모든 것 잃고 굶주리고 헐벗던 시절에 이 소나타는 내게 사는 목적과 이유와 희망이라는 꿈같은 사랑도 갖게 해주었습니다. 스무 살 때가 여든 넘은 지금 다시 재조명되고 있습니다.

그 시절 부산의 대청동 근처에 노광욱 씨라는 치과의사 집에 임원식 교수가 살고 계셨습니다. 임 선생님이 그곳에서 베토벤 소나타를 안용구 씨와 함께 연습하고 나는 넘순이로 악보 넘겨드리고 연습이 다 되면 광복동에 있는 문화극장에서 실험악회 주최로 여러 번 연주회를 가졌습니다. 그때 나는 무대에 나가 넘순이도 했답니다. 긴장하고 있다가 음악이 얼마 남았을 때 악보를 넘기기도 쉽지 않았습니다.

베토벤이 인간에게 주는 힘을 이 연륜에 와서 진심으로 다시 터득하고 지냅니다. 전쟁 때 집도 재산도 다 버리고 몸뚱이 하나로 부산에 피난민으로 표류해서 안간힘 쓰던 처참한 시절의 기둥이 되어 준 음악이 이렇게 삶의 끝자락에 와선 더 큰 기둥으로 서 있게 해준다는 것. 확실히 베토벤은 누구보다 천재. 인류의 정신적 기둥입니다. 그 무렵 Vieuxtemps의 'Violin 협주곡'도 원 경수의 한국 초연으로 화려하게 실험악회에서 했는데… 역사의 뒤안길 잊혀진 뒤안길이네.

2월 23일

내일이면 떠나네.

이 아름다운 Paris를…….

III

Paris, Bruxelles, Seoul

_1959~1976

Lee, In Sook
Klinische Anstalten
51 Aachen.
West Germany.

안녕 하십니까!

저는 독일에서 간호원으로 일하는
이 인숙 입니다.

장애종 박사님께서 벌써 오래 前에
한번 찾아 뵙거나 편지를 드리라고
편지 줬는데

제가 게으름을 피웠읍니다.

Aachen 에 있기 때문에 벨기에와
가까워서 지난번에 한번
브뤼셀에 여행을 하였읍니다.

아주 조용한 도시 같아서 마음에 드는
도시 였읍니다.

선생님께서 말씀 하시기를
아이들과 함께 계시다고
하시더군요.

가족과 더불어 건강과
행운이 있으시길 빕니다.

10. 5. 71. 이 인숙 拜.

mme Han Young Lee.

147 Dieve de Nivelles

Bruxelles 15.

Belgien.

AC7

1958년 여름부터 四년 동안 우리는 파리의 이방인이었다. …….
그리고 우리는 언제부터인가 센강 밑의 연인이 되었다.

그때 나는 파리 국립음악원의 학생이었고, 그는 대사관에 근무하는 외교관이었다.

태양이 몹시 그리운, 온통 회색으로 뒤덮인 파리의 지붕 밑이 내 젊음의 오직 남은 유산이다. 한 해 겨울 그가 제네바의 한국대표부에 2개월 출장을 갔었고 그때 나도 짧은 노엘 바캉스를 맞아 스키 타러 간다는 학교 친구들 따라 스위스에 갔었다. 제네바에서 가까운 생 세르그라는 작은 산마을에서 일주일 동안 맘껏 눈 속에서 뒹굴다가 파리로 돌아온 뒤에 받은 글이다. 그 후 1년 뒤에 우리는 파리의 센 강변에 있는 미국 교회에서 결혼식을 했다.

영에게

_1959년 1월 9일

당신 글을 방금 받아보았소. 기차가 떠날 때까지 자리도 못 잡고 서서 가는 것을 본지라, 밤새 또 고생하였으리라 근심하고 있던 차, 영이 편히 보금자리에 돌아가 공부를 시작했다는 소식을 받으니 우선 마음이 놓이는구려.

사랑하는 사람이라고 멀리 이역까지 찾아온 영에게 그간 맘껏 기쁘게 못 하여 주었던 것이 지금도 마음 아프며 그 어려운 시험공부에 정신적, 육체적으로 시달린 당신을 더욱더 따뜻하게 위로해주지 못했던 것이 마음에 거리끼오.

그러나 그나마도 나하고 같이 있는 동안 행복을 느꼈고 하나님의 은총으로 건강하게 나하고의 일생을 위하여 연구에 박차를 가하겠다는 각오와 신념을 갖게 됐다니 다만 감격할 뿐이오.

스키 타다 다친 발등은 이제 좀 나았소? 퉁퉁 부어 절룩이며 엄살을 부리더니, 당신이 떠난 후엔 그 생 세르그의 스키장엔 아직 안 올라갔다오.

차마 당신 없이 그 언덕을 달리고 싶지 않구려. 그 서툰 스키 솜씨에 온몸에 눈만 휘감고 연상 술 담긴 초콜릿을 먹고 있던 당신 모습이 눈에 선하구려.

영이 떠나고 나서 나는 곧 집으로 돌아왔소. 돌아올 때는 아무렇지 않게 돌아왔지만, 막상 방안에 들어와 보따리를 풀자니 기분이 이상합디다. 다 깊은 사랑의 징조이겠지. 밤새 그 많던 잠이 잠시도 안 오고 지금쯤 영이 탄 기차가 파리를 향해서 얼마나 갔을까 생각만 하고 있었소. 셔츠를 많이 입고, 실은 그날 방이 어찌나 추웠는지 잠을 잘 수도 없었지만.

다음 날 물어봤더니 그 방에는 쇼파즈가 없대… 그 아래층으로 당장 옮겼지. 다음날 지각은 물론 안 했고, 오후엔 레만호숫가에 있는 그 양복점에 들러 새 옷을 찾아 입었소. 당신이 좋아할지 모르겠소. 완전히 파리장 스타일이 되어서, 상의가 너무 짧은 것 같지만, 그러나 내 마음에는 들어 … 새 옷을 입고 보니 보이고 싶고 또 보고 싶구려.

참, 어젯밤에도 저녁 먹고 별일도 없어 옆집 카페에서 코냑 몇 잔 마시다가 지난번 그 영화가 생각나서 갔더니 마침 시작을 하지 않아? … 그래서 잘 봤다오. 일종의 갱 영화지. 그런데 말이오. 공교롭게도 그 장면이 작년 가을 어느 주말에 영과 박 씨 부부와 다녀온 에트레타(Étretat)야… 노르망디 해안과 에트레타의 절벽이 나오는데 미치겠소. 밤새 그 꿈에 잠기고 있었다오. 당신 명령으로 길가 밭에서 무를 훔치던 일, 절벽에서 오줌 누다가 바람에 날려서 오줌 벼락을 맞던 일… 놀랍도록 아름답던 길가의 단풍…….

아침에는 7시쯤 해서 눈을 떴어. 영의 꿈을 꾸다가 아깝게도… 참 행복했어.

오늘은 아침부터 영의 편지를 기다렸어. 정말 당신의 알뜰하고 정다운 글에 얼마나 가슴이 푸근하여지고, 만족하였는지 몰라. 당신은 내게는 아까울 정도로 사랑스러워. 오늘 밤은 또 잠이 안 올 것 같군. 너무 행복하니까 잠을 안 자고 밥을 안 먹어도 살이 찌는 것 같아.

영! 이달 말이면 이곳 나의 임기도 끝나니 영의 곁으로 향해 파리로 떠날 날도 3주일 남짓 되나 보오. 그때까지 우리 서로의 생활에 성실을 다합시다.

지금 이곳에는 며칠째 함박눈이 퍼붓고 있다오. 파리로 떠날 무렵에는 눈도 녹겠지.

영! 당신이 나를 사랑한다고 하면 나는 아무렇지도 않게 들을 거라고 했지? 내가 돌처럼 무디다고. 그러나 내가 당신을 더욱 사랑한다면 어떻게 생각하지? 내 무딘 글로써는 도저히 표현도 못 해.

다만 믿어주구려. 그리고 죽을 때까지 변치 말고 살아갑시다.

하늘과 땅과 생명을 다하여도 못 바꿀 당신. 잘 자요. 내 꿈을 꾸고.

제네바에서 牛石

옛 벗 영에게

_1967년 1월 11일

연말 방학을 Bonn의 옛 하숙집에서 보내느라고 게으름 부리던 어느 날 조그만 Karte가 날아왔구려…….

그리고 눈 익은 글씨가, 마지막에는 영의 이름이…… 얼마나 눈물 나게 반가운지. 읽고 또 읽고, 간단한 어구지만 한없이 많은 내용을 붙여 읽었구려…….

영은 얼마나 변했을꼬 하고, 그 매섭고 다정했던 눈동자를 연상했소 – . 영을 친구로 가진 기쁨이 얼마나 컸겠소…….

지난날 한 번 생각했소이다. 얼마나 어리석고 행복스러운 궁상이겠소만 한국에 돌아갈 생각이 그리 없는 그곳엔 영이 있어 가야겠다고…… 사람이 얼마나 큰 것을 바라면서도 따지고 보면 얼마나 작은 것에 만족하는 것일까 하고.

영! 나도 이제는 노총각으로 세상 구경도 많이 하고 이젠 매사에 초연해졌다오. 옛날의 나만은 아닌 묘한 것으로 됐소이다.

Bonn에서 책 좀 보다가 요즈음은 오지리 salzburg라는 벽촌에 와서 공부 끝낼 양으로 있소이다.

미치도록 아름답소…… Alpen, 호수, 음악.

영! 무슨 말부터 해야 할지 몰라.

참, 요즈음 내가 안경을 써서 몰라보게 됐다오. 대개 권위가 생기면 눈 따위는 좀 나빠지는 게 예사 아니오. 여하튼 무한히 기쁘오. 정말 한번 보고 싶다오.

영이 나의 젊음의 고향같이 이렇게 늙어서도 항시 그립구려.

사진 하나 보내주. 얼굴이 크게 나온 것으로. 비교적 옛날 모습이 많은 것으로. 그러면 답답할 때 들여다보고 고향을 찾으리라.

Salzburg 옛 벗 공광덕이가

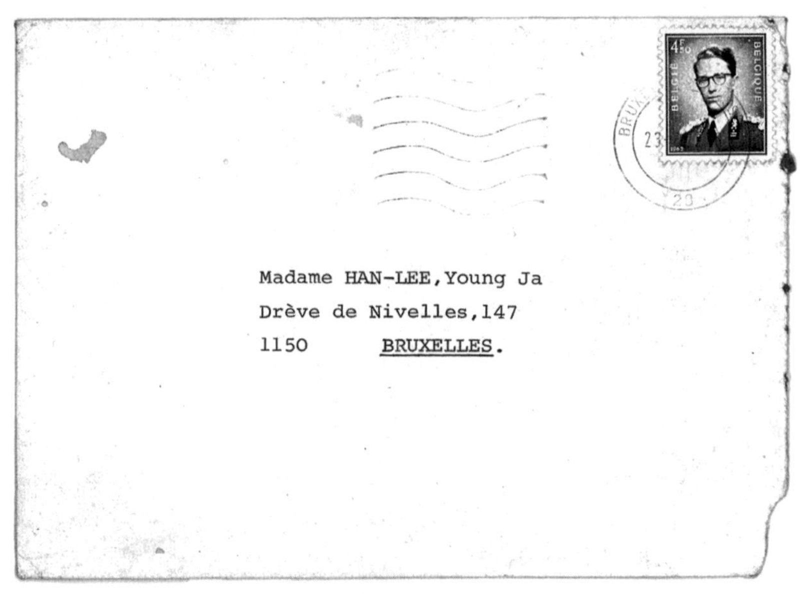

안녕하십니까?

_1970년 4월 20일

한 선생님과 어린이들도 모두 안녕하신지요.

몇 달 전에 보내 주신 프로그램과 편지는 반갑게 받았습니다. 즉시 편지를 낸다는 것이 입학시험, 학기 초 등 바쁜 일이 많아 뜻을 이루지 못했습니다. 우리는 우리 집 바깥채를 헐어버리고 우선 2층 집을 지었습니다. 아래층은 서울음악아카데미, 위층은 운경유치원으로 쓰고 있습니다. 장차 안채까지도 헐어버리고 통틀어서 3층 건물을 완성시켜 한국 최초의 Conservatory를 만들 생각입니다.

그동안 『관현악법』 책이 출판되었고, 다음 달 초에는 제2수상집 『독백과 대화』와 「제3 심포니」(Poket Score)가 출판됩니다.

요즘에는 'Trio for Oboe, Viola, and Piano'와 'Symphony N0. 12'(제2회 서울음악제 위촉작품)을 쓰고 있습니다. 'Symphony No.9', 'Symphony No.10', 'Piano Concerto No.3', 'Violin Concerto No.2' 등은 아직도 햇빛을 보지 못하고 있습니다. 40만 원 이상의 적자를 보면서까지 자비로 발표회를 가질 필요를 느끼지 못하기 때문입니다.

그런데 우선 두 가지 부탁이 있습니다.

1) 화란의 작곡가 Willem Pijper(1894~1947)의 'Germ Cell Theory' 기법에 관해서 알고 싶습니다. Pijper는 Henk Badings의 은사로서

1918년 이후 'Germ Cell Theory' 기법을 쓰고 있다는데 Symphony No.2, No3, Piano Concerto, Violin Concerto, Cello Concerto, Sextet, Wind Quintet 등이 있는데 그중에서 어떤 작품이 가장 잘된 작품인지, 또 그 작품의 Score와 Record를 구할 수는 없는지? 알고 싶습니다.

우선 지도교수에게 'Germ Cell Theory'에 관한 것을 물어보시고 속히 자세히 적어 보내 주시기 바랍니다. (Pijper는 10여 년 전부터 私淑(?)해오던 작가입니다)

2) Bo Nilsson이 1959년에 작곡한 'Ein Irrender Shon'이 새로운 기보법으로 되어 있는데 이 기보법에 대해서 좀 자세히 적어 보내 주시기 바랍니다. 박자, 리듬을 자유로이 연주할 수 있도록 기보하는 방법인 모양인데 좀 더 구체적으로 알고 싶습니다.

혹 'Ein Irrender Shon'의 Score와 Record는 구할 길이 없는지요? 이상 두 가지에 관해서 지도교수에게 문의하셔서 좀 자세하게 적어 보내 주시면 많이 도움이 되겠습니다.

오는 5월 9일로 연세대학교 근속 15주년 표창을 받게 됩니다. 해방 직후부터 25년간 대학교 직장 생활을 해오고 있는데 내년에는 휴직하고 완전 자의에 의한 외유를 할 생각입니다. 그래야만 좋은 작품을 쓸 수 있을 것이 아니겠습니까? 그동안은 제자들을 위해 자신을 너무도 희생한 셈입니다.

언제쯤이나 작곡가 생활을 할 수 있을는지요? 앞으로 10년 이후부터는 실내악곡을 본격적으로 써볼 생각입니다.

회신을 고대합니다.

나운영

이 선생

_1971년 1월 16일

어떻게 지내십니까? 독감은?

여전히 강강대고, 기를 쓰고 작품구상 하는지요! 아무튼, 모든 일이 잘되어 가리라 여깁니다. 한 선생 안녕하시고, 난이 자매들 귀엽게 잘 자라고 있겠지요.

저도 잘 있습니다. 숙제하느라 이 늙은 몸 흰머리 많아집니다. 김재홍이 서양에 와서까지도 기를 못 펴고 그놈의 첼로 때문에 온종일 틀어박혀 진땀만 흘리고 있으니, 내가 지닌 팔자라 할 도리 없지만, 그러나 흐뭇하고 행복합니다.

어제는 파리 Symphony를 들었지요. 내가 좋아하는 Cristian Ferras(Violin)의 Mendelssohn.

어떻다, 표현, 말재간 없이 말 못 하려니와 음악을 말로 표현한다는 것이 본래 안 될 말이고 우스운 일이지요.

들으면 행복해지고 비참해지고 삶을 인식하고 죽음을 느끼는 거지요.

나의 새로운 소식 드립니다.

학교에서 신학기 3월 초에 돌아오라는 명령이올시다.

Was tun Soll?

독일어로 '어쩌면 좋으냐?'라는 거지요. 그래,

OK! 나가겠다. 학교에 알렸습니다. 2월 20일경에 떠나 파리로 가렵니다. 시간 있으면 London, Roma, 들리고요. Paris – 가서 꼭 보아야지요.

그 흔한 에트왈부터, 골목골목 찾아보렵니다. 혼자서 좋지요. 여인이 있으면 더욱 좋겠는데, 내 마음에 드는 여인이 별로 없을 테고…… Paris를 좋아하는 이 선생의 그 진한 에스프리를 찾아보지요.

편지 주시기 바랍니다.

김재홍

이 선생

_1971년 2월 19일

한 선생 무고하시며 난이 자매들 건강들 한지요! 나는 예정대로 지난 7일 독일을 떠났지요. London…… 안개 속에 묻힌 탑들이 그런대로 사양족들이나마 볼품이 있었으며, Paris! 위대한 곳입니다. 할 말이 없습니다. 이곳의 예술이 눈에 와 보이는 것, 손에 와 닿는 것 모든 것이 예술입니다. 우리 세계의 온 겨레는 이 Prangen를 영원토록 간직해야 할 것입니다. Paris의 구석구석을 안내인 없이 6일간을 걸었습니다. 덕분에 이곳을 떠나는 마지막 날은 몸살이 났지요.

Paris의 Korean은 황홀하고 벅차고 슬펐지요. 말이 필요 없는 곳이 巴里입니다. 이곳에 와서 여독을 풀고 있습니다. 인제 보니 홍콩도 촌스러운 곳입니다.

20일 내 나라에 돌아갑니다. 이유가 분명치 못한 채 집에 가는 느낌입니다. 독일에서 "일시 귀국"으로 해 놓았으니 마음 내키면 이제는 무전여행 해야겠습니다.

건강하시기 바랍니다.

한 선생, 난이 자매 안부 동봉합니다.

김재홍 드림

英子 선생

_1971년 4월 16일

돌아와 또다시 흙탕 속에 물고기가 되었지요. 인생, 이러는 것인가 합니다. 지난번에 아이들과 함께 자동차 사고 난 것 듣고도 아무런 말씀드리지 못했습니다. 그 뒤에 모두 다 가라앉으셨으리라 봅니다만 얼마나 놀라셨겠습니까. 그만하기 천만다행입니다. 李준 열사라면 해외 산화도 얘깃거리 되고 두고두고 남지만요. 하마터면 말죽거리 금싸라기 땅 벙 뜰 뻔했군요. Ha Ha……

독일에서 한눈에 반해버린 Ch, Ferras(Violin. 파리 사람)가 와서 브람스 했습니다. 난 행복했으니까요.

이번에 들어오신다는 말 반갑습니다. Bruxelles의 Elegie를 잘 간직했다가 첼로 협주곡의 두 번째 악장쯤에 노래해 주십시오. 그곳 시청 앞 광장의 금칠 요란하게 둘러놓은 Café, 내 살아있는 동안엔 다시 한번 들러야겠습니다.

이렁저렁 흰 머리카락 늘어날 테고 여전히 삶이 진지했다가, 슬퍼졌다가, 우스워졌다가, 하지만요.

김재홍

큰언니에게

_1971년 7월

어제 필동 집으로 온 언니 편지 읽고 무척 반가웠습니다. 그동안 무소식이 희소식이라고 생각하면서도 언제나 궁금했었는데 소식 받고 나니 후련하고 기뻤습니다.

형부께서도 안녕하시고 난이, 은미, 준영이도 잘 있다니 반갑군요.

지금쯤 언니는 그 힘든 시험 다 잘 치르시고 약간의 휴식을 취하시겠군요. 오늘 낮 12시 30분 KAL로 소영 아빠는 대만을 향해 떠났습니다. 가느니 못가느니 야단을 하고 정말 정신없이 바쁜(?) 가운데 떠나가서 나는 집에 돌아와서는 완전히 뻗어버렸습니다. 더구나 그 바쁜 와중에 민영이가 열이 많이 오르고 설사를 계속해서 병원을 왔다 갔다 하며 불안한 가운데 떠나보낸 것 같아 마음에 많이 걸립니다. 워낙 애 둘이 연년생이라서 힘이 드는데, 이리저리 왔다 갔다 했더니 빈혈도 오고 쓰러질 것만 같은 가운데 떠나서 자꾸 걸려요.

여행 일정은 대만, 홍콩, 싱가폴, 말레이시아, 방콕, 이스라엘로 해서 벨기에, 이태리, 독일, 영국, 미국으로 향하는가 봅니다. 그런데 어제의 언니 편지를 읽으니 언니네가 어디로 바캉스를 간다고 해서 걱정이 되는군요. 언니를 믿고 벨지움에 가고, 또 형부랑 언니랑 파리 구경도 한다고 벼르고 떠났었거든요.

소영 아빠가 그곳에 갈 때 언니가 꼭 있어 주세요. 형부랑 언니를 믿고 갔으니까요. 벨지움 도착은 7월 26일경이에요. 그리고 2일이

나 3일 언니 집에 있을 거래요. 이번에 가는 목적은 순전히 서울대학 일로서 많고 큰일을 가지고 간 것 같습니다. 그러나 공무원 여권이고 학교 일이라 출장비도 적어서 고생이 좀 될 듯싶어요. 언니에게 가는 인편은 아주 좋았는데 소영, 민영 번갈아 아프고 해서 아무것도 들려 보내지 못했어요. 언니 미안해요. 난이, 은미, 준영에게도 좀 걸리지만, 이 담에 서울 나오면 작은이모가 좋은 것 사 준다고 전해주세요. 언니네는 이번 가을이나 겨울에는 꼭 서울로 돌아올 줄 알았더니 그렇지 않군요. 아무쪼록 편하신 대로 하세요. 그리고 언니, 부탁이 있어요. 다름이 아니고 지난번에 언니가 보내 준 구두가 너무 예쁜데 거기에 맞는 핸드백이 있으면 더 좋을 것 같아요. 소영아빠 편에 약간의 돈을 보냈어요. 미국 돈이 오르긴 했어도 그리 많이 오르지 않은 것 같아요. 거의 39:1로, 아니면 40:1로 바꾸었어요.

우리 소영이는 어찌나 큰지 모두 세 살 같다고 해요. 이제 겨우 첫돌이 지났는데 두 돌짜리 아기 옷은 들어가지도 않고 거의 네 살 아기 옷을 입혀야 해요. 다들 부모를 닮아 그렇다 하지만 신통하기도 하고, 내 아기 같지 않아 자꾸 들여다볼 때도 있어요. 민영이도 이제 백일 됐는데, 잘 자라고, 어쩌면 소영이 보다 더 클 것도 같아요. 아주 순해서 귀여워 죽겠어요. 지금 애들 다 재워놓고 늦게 앉아서 언니께 쓰는 거예요. 소영 아빠 만나면 이곳 소식도 들으실 것이고, 또 돌아오면 언니네 소식도 듣겠지요.

그럼 언니, 학교도 방학 하셨을 테니 좀 쉬세요. 아이들 셋 데리고 여행도 다니시고 좋은 구경 많이 하시고 건강하게 지내시길 빌게요.

서울에서 소영 에미가

Dear 영자에게

_1971년 9월 23일

며칠 전 영자의 자세한 편지를 잘 받았다. 그렇지 않아도 작곡과에 선생님 부족으로 고민이 한두 가지 아니어서 영자를 고대하고 편지도 얼마나 기다렸는데… 내용을 너무나 잘 아니까 말이지만 너무나 엉터리가 되었지 뭐야.

게다가 과는 5과가 되니, 일반 이론 과목도 큰 문제야. 그래서 이번, 아니 지난 학기에는 1학년 화성학을 김성태 선생님께 부탁하는 동시에 작곡과는 분리해놨어. 따로 작곡과만을 떼고 피아노과, 관현악과와 성악과, 종교음악과로 나누어 한 과목이 세 Class로 됐어. 그리고 이번 학기부터는 백병동 씨가 나와서 4학년 작곡법을 부탁했지. 우선 이렇게 놨는데 영자는 내년 3월에야 결정을 내린다니 여하간 결정 짓는 대로 곧 나에게 알려 줘야겠다. 되도록 나와 주었으면 좋겠고, 자기를 위하여 더 공부해야겠다면 할 수 없지만…

조병옥이가 아마 올겨울에는 떠난다는데 그렇게 되면 더 큰 일이야. 강석희 씨가 그간 다녀갔는데 와서 고생 많이 했다. 현대음악 계몽시키느라고 말이야.

Klaus Billing이라는 피아니스트를 데리고 와서 연주회도 잘했고……

아이들 데리고 외국에서 외교관 노릇 하기가 얼마나 힘이 드는지 너무나 잘 아는데 그사이에 그렇게 열심히 공부하니 참 감탄하지 않을 수 없구나.

아무쪼록 건강히 잘 있다 빨리 돌아오길 바란다.

안녕.

신재덕

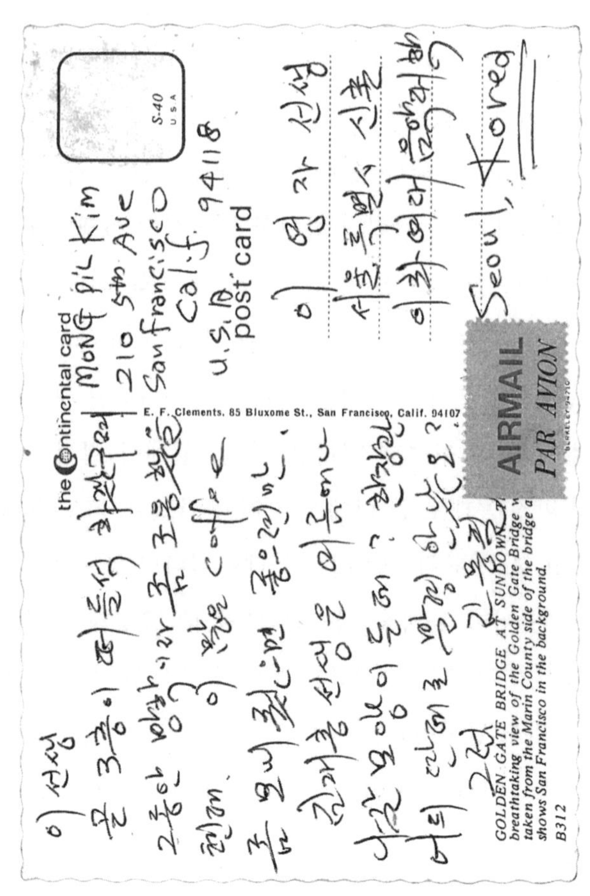

이 선생

_1971년 11월 18일

고엽이 바람에 날리고 길에 뒹굴며 마음 없는 공부에 짓눌리는 학생들에게 짓밟히며,

낙엽의 서러운 표정이 애처롭습니다. 내가 詩人이나 된 것처럼 괜한 감상에 젖어 듭니다. 얼마 있으면 또 늙어지고 아이들이 자라고 이러다 저러다 보면 늙어서 푸대접을 받을 테니 저들 낙엽이 쓸려가 불에 태워지는 것 믿으려고 않습니다만 그것은 사실이고 꼭 올 테니 말입니다.

웃으며 살아야 한다는데 요사이는 웃으며 농하고 지내려고 무진애를 쓰고 있습니다. 내 푸념하다 인사말이 늦었습니다.

한 선생 안녕하신지요! 난이 자매 귀엽게 자라겠지요. 또 이 선생도 많이, 부드러워지셨겠지요. 음성도 많이 가라앉으셨을 테고.

오정주 선생 이혜화 선생 연주회 잘했습니다. KBS 심포니는 홍연택 씨가 단원총의로 지휘자가 되었답니다.

김몽필 선생이 그 자리 몹시 바랐던 모양인데 투표에서 표가 부족했었나 봅니다.

건강하시기 바랍니다. 보내 주신다던 악보는 행방불명이 된 모양입니다.

김재홍

선생님께

_1972. 3. 5.

어제는 너무나 급하게 서둘러 사진이랑 부쳐서 어떻게 혼돈되지 않았나 걱정이 됩니다. 제법 다사로운 초봄의 일요일입니다. 그동안 졸업식이다, 환영회다, 쫓아다니느라 정신없던 방을 말끔히 쓸고 닦고 노란 수선화를 세 송이 주문해다 꽂아 놓았습니다. 어느 꽃도 다 마찬가지겠지만 노란 수선화야말로 자기도취로 한 잎 한 잎 붙여져 만들어진 꽃인 듯싶습니다. 그리고 브람스의 Quartet을 틀어놓고 책상에 앉았습니다.

어제저녁에는 이번에 음악대학(이대)을 졸업하는 애들과 저와 또 작년에 졸업한 아이랑 고등학교 때(인일여고) 은사이신 유정화 선생님이랑(아마도 선생님께서도 기억 하실지 모르겠다고 하셨어요), 서울대 음대 성악과를 졸업하시고, 이대 교육대학원에 다니셨어요. 선생님께서 구라파로 가시기 바로 전 학기에 작곡법을 배우셨대요. 선생님께 홀딱 반해서 자기 제자인 남원옥이도 선생님께 사사하게 한 거래요. 그러시면서 제가 가끔 선생님께 소식을 드리곤 한다니까 자기 얘기도 좀 써 달래요.

여기서부터는 직접 그분의 인용입니다.

"나는 말이야 이대 다닐 때 제일 인상 깊었던 시간이 이영자 선생님의 작곡법 시간이었단다. 얼마나 매력적이고 완벽한 여성이었다고…….”

뭐 이런 얘기였어요. 어제 너무 얘기를 많이 들어서 다 잊어버릴 지경이었으니까요. 유 선생님 말씀으로는 선생님께서 유 선생님께 ‘이제부터라도 작곡 공부하세요.’라고 하셨었대요. 지금도 얼마나 열심히 사시는지 보통 1년에 두 번씩 recital하세요. 같이 회식하면서 이대 이야기, 음악 이야기 많이 했습니다.

저녁을 먹고 클래식이랑 팝송이 마구 석여 나오는(예를 들면 베토벤의 Spring Sonsra나, 브람스의 심포니가 나오다가도 비틀스의 Hay Jude……) 다방에 들어가서 이대 음대 선생님들이 한 명씩 차례로 등장하여 화제의 꽃을 피우곤 했었습니다. 지금 졸업하는 애들은 선생님께 한 학기 정도 배웠대요. 그런데 모두가 꼼꼼하게 가르치시고 예쁘고 깨끗하게 하고 다니시고……. “정말 그래요.”로 동의가 되어 버렸습니다. 그리고는 전부가 선생님의 티 없이 맑은 눈이 제일 생각이 난대요.

저는 그때 순간적으로 불란서 파리의 네모난 돌이 바둑판처럼 메워져 있다는 길과 그곳에서 있었던 이야기를 하실 때의 선생님의 눈이 생각났습니다(아마도 제가 제일 처음으로 선생님께 소식 드릴 때도 얘기한 듯싶습니다. 스키 타러 가실 때 몇 시간 인가를 꼿꼿하게 서서 가셨었다는 얘기랑……).

그리곤 아침에 공연히 무엇인가에 쫓기듯 편지 봉투를 우체통에 넣어버린 것을 후회했습니다. 집에 11시가 되었어요.

저는 길을 가다가도 하얀 바탕에 검정 무늬가 있는 옷감으로 스카프처럼 모자를 쓴 사람이 지나가면 다시 한번 쳐다보곤 합니다. 선생님이 아니신 줄 알면서도 약간의 설렘 같은 감정까지 가지면서 말이에요.

신문에 서울음악제 얘기(모집)도 나고 해서 이렇게 두서없이 지껄인 듯싶습니다.

요즘은 취직하려고(교대 같은 곳으로) 조금 애쓰고 있습니다.

안녕히 계세요.

김혜경 올림

또 하나 일, 이주일에 한번씩 레슨도 받고, 또 아이들
에게 피아노 레슨도 해주고 입학시험 이론을 준비하는
학생도 하나 있습니다. 이러한 생활이 언제까지 계속이
될지 하루의 일과는 큰 변화없이 틀이 잡혀가지만 저의
마음은 여전히 안정은 찾지 못하는 것 같습니다.
선생님,
이제는 손녀가 둘 생기셨다면서요.. 할머니가 되신 기분이
어떠세요. 이러한 선생님의 모습은 10년의 세월을 느끼게
하지만, 여전히 정력적으로 일하시고 작곡하시는 선생님의
모습은 변함이 없는 것 같습니다.
새해에도 몸 건강하시고 좋은 일 많이 이루시는 축복의 해
되길 빕니다. 사모님과 자녀들에게도 인사드리며.. 혜경 드림

英 선생님께

_1972. 4. 20.

안녕하시겠지요? 화사한 봄 날씨가 무척 유혹적인 오후입니다.

며칠간 계속 날씨가 흐리고 비가 뿌리더니 나무들의 초록빛이 더욱 선명해진 듯싶습니다. 몇 집 걸러 담장마다 피어 있는 개나리들이 너무나 곱게 보입니다.

벌써 소식을 드리고 싶은 마음은 가득했지만, 공연히 흐린 날씨 때문에 구지레한 얘기나 드리게 될 듯하여 미루곤 했습니다. 요즘은 이제껏 가져보지 못했던 무척이나 한가한 날을 지내고 있습니다. 대학원 졸업하고 중학교 강사 노릇도 그만두고 며칠 전에 인천에 대학생(가톨릭)연합회에서 가졌던 음악회도 끝내고(출연 부탁을 받았었습니다. 솔직히 2년 동안 거의 그만두다시피 한 피아노를 다시 한다는 것이 무척 어렵게 생각되었지만, 워낙 적은 무대이므로 한 1개월 정도 Lesson을 받고 소나타 1악장을 연습하여 그런대로 무난하게 치렀습니다), 너무 시간을 무의미하게 낭비하는 듯싶어 취미 삼아 영어 회화를 시작했습니다. 마침 거기에서 이번에 이대 음대 졸업한 애들이 있어서 가끔 선생님 이야기를 할 기회가 있곤 합니다.

게네들은 학교 들어갈 때 선생님께 화성학을 배웠다고 합니다. 너무 인사가 늦어졌습니다만, 가내 모두 무고하시겠지요. 귀여운 공주님들도 모두 예쁘게 커 가겠지요?

얼마 전에 국립극장에서 있었던 신인음악회에 가서 김재홍 선생님을 만나 뵈었습니다. 무척 오랜만에 뵈었는데 여전히 멋쟁이셨어요. 저의 오빠 안부를 물으시기에(Hamburg에서 만나보신 모양이에요) 잠깐 나왔다가 결혼해서 다시 뮌헨으로 갔다고 말씀드렸더니 선생님께 들러가지 않았다고 매우 섭섭해하셨어요. 김재홍 선생님을 뵈면 거의 동시에 선생님과 학교 앞 파리다방과 또 다방 주인이신 전 아줌마 생각이 납니다. 우리는 그때 공연히 선생님들께서 들어오시면 어쩔 줄 몰라 쑥스러워하던 기억이 납니다.

어제는 보슬비가 부슬부슬 내렸습니다만, 정진우 선생님의 Recital(유명하신 선생님이라고 말로만 들어왔지만, 연주는 한 번도 보지 못했었어요)에 갔었습니다.

Bach, Chopin, Macdowell……

Macdowell의 'Ten Woodland Sketches'에는 한국 초연이라는 Title까지 붙어있었습니다.

Chopin, Liszt로 프로그램이 짜여 있었어요. 그리고 무척 많은 사람이 왔었어요. 특히 각계의 음악인들이 거의 모인 듯 보였습니다. 쉽게 알 수 있는 분으로도 유한철, 윤기선, 임원식, 오현명, 김영의 학장님, 윤연경, 김성복 선생님…… 수없이 많은 사람이 이 층 꼭대기까지 꽉 찼으니까요. 아래층 뒤에서 듣다가 너무 울림이 나빠 이 층으로 갔었거든요.

Chopin의 소나타를 연주할 때 저는 피아노 부분만 빼고 꽉 채운 꽃바구니를 세어 보았어요. 30여 개가 놓여 있어 공연히 웃음이 나왔습니다. 제가 이제껏 본 음악회 중에서 가장 많은 꽃바구니를 본 음악회였습니다. 연주는 성공적이었습니다. 그리고 그렇게 나이 들어 연주한다는 사실이 얼마나 어려운 일인지 모른다고 찬사를 보내는 듯싶었습니다.

앙코르곡으로 Chopin의 빗방울 전주곡이 연주되었어요. 짐짓 소녀 취향(?)으로 들렸습니다. 음악회가 끝나고 다행히 비가 개어 뿌옇게 김이 서린 창을 통해 보이는 불빛을 감사하면서 인천으로 내려왔습니다.

오늘 아침에는 학원에서 공부가 끝나는 대로 몇몇 아이들과 거의 잘 가지 않던 공원에 천천히 걸어서 갔었습니다. 새로운 속 잎이 나온 잔디며 민들레, 오랑캐꽃이 등을 따사롭게 해주는 햇볕이 모두를 즐겁게 해주었습니다.

다시 소식 드리겠습니다.

건강하시길 빕니다.

인천에서 김혜경 올림

Braine-l'Alleud,le 23 juin 1972,

Chère Madame,

N'ayant pas eu l'occasion de vous voir je m'empresse de vous écrire pour vous remercier très sincèrement de la délicate attention que vous avez eu de me faire parvenir des livres à l'intention de ma grande fille.Celle-ci,de son côté,vous adresse quelques mots qui je le crois,reflètent la joie qu'elle a trouvé à les recevoir(j'ose espérer que son coréen est encore valable).

Avec encore tous mes remerciements, je vous prie d'agréer,Chère Madame,l'expression de mes sentiments les meilleurs.

A. de Mets.

난이 엄마에게

_1975. 1. 10.

대망의 신년에 더욱 큰 축복이 임하기를 기원하면서 몇 년 묵은 연말연시의 인사를 한 데 묶어 보내오. Tel. 번호 잊어버렸거니와 무소식이 희소식이라는 안일에 잠기려는 실존이 되어버렸소. 요새 신문에서 난이 아빠 직위 변동을 찾아봤는데, 이동기가 되어 간다고 짐작은 했지만, 소식을 놓친 건 아닌지 궁금해서…….

큰놈은 성대 정외과 중이니 난이 아빠 후계 업무가 하고 싶을 테지만 몸집은 크고(180cm) 속 차리기가 늦어서 얼마나 내실 할까 걱정이라오. 작은놈은 76년에 예비고사를 치를 차례인데 공대 지망이야. 이렇게 두 애들 키우면서 중년이 넘어가는데 어찌나 무뎌졌는지. 일본에 무사히 다녀왔고. 해와 나가기 전, 한번 다녀가기 바라오. 내일(1. 11.)은 춘천 친구들이 우리 집에 모인다기에 불고기 준비나 하려고. 무미한 이야기지만 웃다가 보면 기분 전환되니 즐겁고 영과의 옛날이야기도 할거요.

만나보고 싶군. 난이 데리고 왔다 가요.

온 식구 안녕!

장애종

선생님!

_1976. 2. 25. 금

그동안 안녕하셨어요?

대사님도 안녕하시고 난이, 은미, 준영 모두 잘 있겠지요. 꼬마 둘 데리고 아프리카까지 편히 가셨는지 궁금하군요.

물론 편히 가셨겠지요(선생님이야 항상 운이 좋으시고 복이 많으신 분이니까요).

오늘이 선생님 떠나신 지 5일째 되는 날 같아요. 막상 선생님께서 떠나시고 나니까 굉장히 섭섭하고 아쉽고 또 실감이 별로 안 나요.

선생님이 곁에 있는 동안 돈 주고 어디서도 배우기 힘든 여러 가지 좋은 점을 정말로 많이 배운 것 같아요. 앞으로 살아가는데, 틀림없이 많은 도움이 되리라 생각되어요. 요즈음은 학교에 나가도 소리 지르시는 선생님이 안 계셔서 심심할 뿐이고, 또 다른 조교들도 음악대학에서 제일 인심 좋으신 선생님이 안 계셔서 삭막하기가 이를 데 없다고들 해요.

저는요. 선생님 떠나실 때 선물 하나 제대로 드리지 못해서 죄송할 뿐이에요. 제게 주신 쟁반을 볼 때마다 더욱 그래요. 그저 무엇을 드릴까 망설이고 고르다가 그냥 선생님과 헤어지게 되어서 더 서운한 기분이에요.

며칠 전에는 성두영 선생님께서 동선이랑 저한테 한턱 쓰셨어요.

'낙궁'에 가서 짜장면 한 그릇 먹을 생각이었는데 졸지에 프라자호텔까지 가서 먹었어요. 비싼 데라서 좀 부담스러웠는데 이제 조교 시절도 끝나는 마당이라 생각하고 얼굴에 철판 깔고 따라가서 그냥 먹었죠 뭐.

그러다 보니 전에 선생님께서 드시다가 한쪽 떼 준 '모나카' '떡' 생각이 나네요. 조교 생활하는 동안 선생님 덕분에 조교 중에서 제가 제일 편하게 지냈던 것 같아요. 사실상 사무 처리도 선생님께서 다 하신 셈이고요. 아무튼, 선생님 덕분에 별 탈 없이 지냈어요. 이제는 졸업식, 입학식에만 학교에 나가면 안 나가도 될 것 같아요. 그리고 나면 아주 한가할 거예요.

이제부터는 마음 잡고 이것저것 배우면서 시집갈 준비를 해야 되겠지요?

아직 시집가고픈 마음은 없지만 좋은 사람 나타나면 올드 미스 되기 전에 가는 편이 낫겠지요. 요즈음 선도 몇 번 봤지만 갈수록 태산 같아요. 아프리카에 좋은 신랑 있으면 보내세요.

참 선생님께서 떠나실 때 제게 말씀하신 일은 모두 완수했으니까 걱정하지 마세요.

선생님 더 살찌지 마시고 조금만 더 날씬해지셔서 돌아오세요(지금도 물론 날씬하시지만). 그래야, 모나카, 요깡 같이 단 과자 마음 놓고 드시죠.

그럼 안녕히 계세요. 또 편지 드릴께요.

유명혜

IV

Abidjan에서 Yamoussoukro 대통령궁까지 바나나밭을 누비며 가다

_1977~1980

선생님

_1977년 3월 8일

떠나신 지 벌써 2주일이나 됐네요. 무사히 도착하셨겠지요. 모두 평안하시고요? 선생님 떠나신 뒤 무언가 텅 빈 느낌이에요. 빨리 오시기만 바랄 뿐이고요. 이곳은 며칠 너무너무 춥더니 이젠 가라앉아서 아주 포근해요. 지난 2月 28日 저녁엔 김영의 선생님 칠순 만찬회가 교수식당에서 있어서 음대생 몇 명이 serve 했었거든요. 하루 자고 나니까 팔다리가 너무 아팠어요. 참! 선생님도 식사 준비하시느라 무척 바쁘셨겠어요.

교수님들도 많이 오시고 분위기도 매우 좋았어요. 선생님도 여기 계셔서 참석하셨으면 그날 뵈었을 텐데…… 저희도 너무 많이 먹어서 호흡이 곤란할 정도였고, 힘은 들었지만 보람 있는 하루였어요.

참! 성두영 선생님 책은 공항에서 드렸고요. 백 선생님 책은 윤순이가 갖다 드리기로 했어요. 공항 나가던 날 준영이랑 불란서 분 차에 탔었잖아요. 말이 입안에서 뱅뱅 돌고 밖으로 나오지 않아서 당황했어요. 회화의 기회가 없어서 갑자기 하려니까 안 되던데요. 불어 공부도 많이 해야겠어요. 요사이 한가해서 선생님이랑 같이 관람한 영화 〈위대한 캐츠비〉를 소설로 읽었거든요. 소설이 두 배쯤 더 좋던데요.

저 Violin Sonata 쓴 것 춘계음악회에 출품하려 하는데 사람이 많은가 봐요. 악상 같은 것 성 선생님 보고 조금만 손봐주십사고 해서 내려고요. 선생님! 모든 일에 감사드려요.

선생님 안 계신 동안에도 열심히 곡 써야지요. 무얼 썼으면 좋을까요? 선생님께서 정해주시는 것 열심히 써서 그곳으로 보낼게요. 틈나시는 대로 봐주세요. 이 편지 동선이 언니 편지랑 같이 들어갈 거예요. 조교실에 언니가 앉아 있으니까 좀 이상하지만, 옛날보다 더 친근감이 가는 것 같아요. 학생들도 언니 좋아하고요. 선생님 지금 FM에서 Bach 브란덴부르크 협주곡이 울리고 있어요.

다음에 또 편지 드릴게요.

혜리 드림

이영자 선생님께!

_1977年 4月 10日

선생님 그동안 안녕하셨습니까?

선생님의 편지 받아보고 너무 죄송스럽고, 반가워 어쩔 줄 몰랐지요.

선생님 계신 곳은 무척 덥다고 하니 이대 교정에 피어있는 진달래, 개나리가 한층 안타까워지는군요. 지금 학교는 봄기운으로 완연하며, 무언가 해보겠다는 생동감이 저에게도 생각을 낳게 하나봅니다. 그러나 前에 선생님 계실 때 3층만 가면 뿌듯하던 기분과 괜스레 우쭐하고, 든든하던 마음은 요즈음은 없어졌어요.

이연국 선생님께서는 무척 순하시고 잘해 주시며, Suite는 근대 것으로 쓰기로 해서, 작품이 하나하나 될 때마다 점점 나아지는 게 있어야겠다고 생각하니 괜스레 생각만 앞서고 음은 마음대로 안되어 속상하답니다.

화성학은 홍성희 선생님이신데 무척 열심히 해주세요. C.P가 신명원 선생님이시라 아주 좋답니다. 곡은 free로 택하며 봐주시는데 전체 흐름이라든지 세부적 expression 처리가 마음에 드는 것 같아서 열심히 하려 합니다. 청음 시창은 김인화 선생님이신데 학점을 잘 주신다고 소문이 나서 아이들이 물렁물렁 하려 했지만 매시간 시키는 데는 졌다는 평이 나도는군요.

저는 요즈음 동봉한 program의 연주 때문에 정신이 없지요. 그러나 한편으로 많이 배웠지요. 추운 겨울방학 동안 난로도 없이 매일 연습하고요. 작곡과 학생이라는 생각에 몇 번이나 그만두려 했지만, 이왕 시험을 치고 들어왔는데 라는 생각에 계속 있으니, 청음과 초견은 조금 늘고 인내심도 키우고 한 곡 만들어나가기가 힘든 줄 몰랐어요. 그래서 합창에 관한 책도 좀 읽고요. 정명소 선생님도 와서 봐주시고 잘한다고 하셨어요. 지휘자 안 계실 때는 서툰 대로 제가 가르친답니다.

어머님은 늘 "학교에 가면 이 선생님 안 계시더라도 열심히 해야 한다. 그래야 외국 계신 선생님도 좋아하시지"라고 하시며 섭섭해하시지요. 그때 선생님께 편지 안 쓴 것도 야단맞고요.

이야기가 한 번 터지니 한이 없군요. 그럼 다음에 또 쓰기로 약속드리며 오늘은 이만 여기서 줄입니다. 더운 날씨에 몸조심하시고, 사부님, 그리고 아이들 모두 몸 건강하시길 부활절 저녁에 주님께 기도드립니다.

안녕히 계십시오.

제자 박재은 올림

이번 학기도 그럭 저럭 끝이 났네요.
여름 동안 땀 씨기, 가을에 만료하고.
쳇바퀴 같은 서울 생활도 지내긴 여간 힘든게
아닙니다.

가족 모두 드림께요.

생신 축하드리고요. 언젠가 제가 내는

Birthday party도 받으셔야죠. 전봉호 선생님
고희연에 가니, 복숭기같은 그리 하더군요.

내내 건강하시고.
여유 있게 사세요.

서울에서 제자
박 재운 올림

©BARUNSON FANCY CO.,LTD.

선생님께

_1977년 4월 18일

선생님의 염려 덕분으로 지난 15일에 무사히 조선일보 주최 신인 음악회를 끝냈습니다. 바쁘셔서인지 선생님께서는 연락도 없으시고 몹시 궁금합니다.

제가 보낸 편지는 받으셨는지요. 더운 아프리카에서 대사님도 안녕하시겠죠? 그리고 난이 은미 준영이는 학교에 잘 다니는지요.

음악회는 무사히 끝났지만, 선생님이 안 계신 것이 몹시 서운했습니다. 엄마도 이럴 때 선생님이 계시면 얼마나 좋겠냐고 몇 번이나 말씀하셨어요. 저는 1년 후에는 선생님께서 꼭 오시리라 믿고 있습니다.

미혜도 며칠 전에 신춘음악회를 잘했습니다. 다 선생님의 덕분입니다. 학교에서 가끔 성희와 혜리를 만나고 있습니다. 그럴 때면 선생님 얘기로 꽃을 피운답니다. 지금쯤 어떻게 지내실까 하고 생각합니다.

오늘은 봄인데도 날씨가 변덕을 부려 기온이 매우 낮았답니다. 마치 늦은 겨울을 연상케 했어요. 내일은 영하로 내려간다니 정말 변덕스러운 꽃시샘 날씨예요. 바쁘시겠지만 선생님 편지 좀 해주세요. 선생님 편지는 저에겐 커다란 희망과 용기를 샘솟게 해줍니다.

너무나 궁금합니다. 안녕히 계세요.

제자 박정희 드림

Très Chère Madame!

편지 참말로 반가이 받았습니다. 가장 멋있는 인생을 갖고 있는 Madame의 편지이기에 역시 멋있게 읽었어요. 지금 야근 중이라 시간이 있어서 이렇게 한자 적고 있지요. 과장 임무 수행을 잘하고 있습니다. 동선이가 일을 잘 처리해주고 있으니까 훨씬 짐이 가볍고 잘 해보자고 했지요.

옆방 터줏대감들하고 '설렁탕'에 신물이 나기 시작했는데 터줏대감은 여전히 애용하시고 있고…….

요즘 신춘음악회 하느라 정신 못 차릴 지경이고 이연국 선생님, 다른 선생님들 다 잘 나오시니 염려 마시고. 춘계 Audition에 혜리하고 애란, 경옥 3 작품이 나왔으나 혜리한테 낙착이 되었고, 그 외에 선생님 제자들 다 열심히 하고 있고 지난번 이연국 선생님 신입생 환영회에 지도교수 입장으로 참석해서 선생님 이야기로 꽃을 피우기도 했었습니다.

오 선생님 주소는 안 가지고 나와서 다음 편에 연락드리겠습니다.

그럼 건강하시고 인생을 마음껏 즐기십시오.

한 대사에게 특별한 인사와 3자매에게 'Hello' 해주십시오.

성두영

뵙고 싶은 선생님

_1977년 4월 21일

반가운 소식 받고 금세 편지 드린다는 게 이렇게 되었어요. 선생님 엽서 읽으며 새삼 선생님 miss 많이 했어요. 무엇보다도 점쟁이한테 못 가니 유감인데요 하하.

작곡가 선생님들이 온통 2月에 나타날 신랑을 대기 中인데 제 생각에 지금이 2月이 지났을 것 같은데 소식이 없어요. 그렇지만 실망 안 하고 別로 걱정 없이 덜렁덜렁 지내고 있어요. 사실 또 바쁘고요. 능력이 있으면 쉽게 해낼 수 있을 schedule들인데 제 작은 힘+엄살이 "미쳐 죽겠다." 소리를 입에다 연상 달고 다니게 합니다.

이곳 날씨는 참 변덕스러워 며칠 전엔 영하로 내려가서 꽃들이 불쌍했는데 이제는 완연한 봄!

오늘은 옛 농구선수 박신자랑 점심 먹으러 시내에 나갔다가 매우 더워 죽을 뻔했어요. 그래도 그곳에 비하면 서늘한 것 이상이겠지요.

이종숙 선생님 음악회는 잘 끝났고요. 저는 지난 주일엔 독일 대사관저에서 독일 교수 Pianist Dicht-Axeufeld라는 분과 Duo와 Solo로 Hauskoncert가 있었고요. op111 Solo 하느라고 고생했는데 결과는 괜찮았고요. 이번 26日엔 미국서 온 이승일이라는 젊은 Violinist Recital 반주, 그리고 5月엔 Recital을 드디어 할 예정으로 있는데, 새로 지은 '공간'의 작은 Hall의 New Steinway로 하려고 해요. 한 120名 들어가는데 분위기랑 Acoustic이 좋은 것 같아요. 그러나저러나 잘 쳐야 말이지요. 요새는 中젊은층(즉 제 세대) Pianist들이 꽤 심각하고 어려운 Program으로 Recital들을 하고 있어요. 저는 Recital하고 나서는 Chamber Music 하나, 박민종 선생님 반주 하나 남았어요. 여름엔 Europe 가려고 했는데 내년 1月로 연기되는 것 같아요. 여름 내내 여행 열을 어디다 쓸까 모르겠어요.

할 것은 많지만 요가며, 운전이며, 맨날 입으로만 그러고 지내요. Record는 아직 안 나온 것 같아요. 금방 나온다고 하더니 나오는 대로 소식 드릴게요. 정말 선생님 친하다가 훌쩍 떠나버리셔서 참 섭섭해요. 쉬이 다시 뵈올 수 있기만 바라겠어요. 너무 더운 곳에서 너무 무리 마시고 푹 쉬시고 서울에서 뛰고 싸울 Energy를 저축해 오세요.

너무 횡설수설 죄송합니다. 다음에는 잘 쓸게요. 안녕히 계세요.

주신 CD 가방은 아주 잘 들고 다닙니다. Merci beaucoup.

신수정 올림

오랜만입니다

_1977년

三伏 더위에 어떻게 지내십니까?

서울은 글자대로 삼복에, 폭우에 말이 아닙니다.

방학이 시작되고 3층도 고요해졌습니다. 이제 막 혼자서 설렁탕집에 들러 이열치열하고 왔습니다.

예나 지금이나 3층을 지키고 있습니다. 우리 과 학생 30명쯤 뽑아 Kammer Music 연습하고 있지요. 8月 말경에 부산 대구 원정하려고요. 돈이나 생기면 신축 공사에 기부나 하려고요.

김재홍 드림

이영자 선생께

_1977년 8월 17일

Manila에서 Asian Composers Lague 실행위원회가 열려서 다녀가는 길입니다. 그곳 아프리카의 생활에 익숙해지고 온 가족들이 건강하고 재미있는 나날을 보내고 계시겠지요.

14일 서울 떠날 때는 세계 청소년 음악연맹(J.M)대회 준비와 World Orchestra의 치다꺼리(8월 4일부터 아카데미하우스에서 합숙 시작)로 바쁘게 돌아다니다 왔습니다. 그래도 잠시 이곳 딴 세상에 와서 바람 쐬고 더워서 진땀 빼고 일 보았더니 후련합니다. 지금 겨우 비행기 안에서 쉬면서 소식 전합니다.

참! 작년 대만에서 연주된 이 선생의 피아노 협주곡의 part가 돌아와서 보관 중입니다.

한 대사께 안부 부탁합니다. 안녕.

기내에서 이성재

선생님

_1977. Oct 25

편지 잘 받아보았어요. 오랜만에 받아서 그런지 기쁨이 더 컸던 것 같아요.

오늘로 작곡과 졸업연주회가 모두 끝났답니다. 연이틀 4회에 걸쳐서 했는데 전부 다 무사히 마친 것 같아요. 상인이 작품이 돋보였는데 모두 String Quarter에 노래나 Piano Suite 등이 딸린 것이었는데 Harp 곡이었거든요. 곡도 깨끗하고 좋았어요. 꾸준히 열심히 노력하더니 성과가 나타나는가 봐요. 오늘 애란이도 무사히 마쳤지요. 졸업연주회를 보니 정말 '졸업'의 실감이 나요. 연주가 임박해지면 모두, 천재가 되는가 봐요. 하룻밤 새 한 악장씩이 쓱쓱 탄생하니 말이에요. 보통 땐 한 달이 걸려도 한 악장의 반도 못 쓰는데 급하니까 초능력이 나오나 보아요. 평상시도 이렇게 곡을 쓰면 작품사태 나겠지요.

정말 큰 뉴스가 있어요.

오늘 동아 콩쿠르 본선 발표했는데 성희가 3등으로 당선됐어요. 열성이더니 노력한 보람이 있지요. 정말 축하할 일이에요. 선생님께서 굉장히 기쁘시겠어요. 성희는 얼마나 기쁠까요. 선생님 생각이 더욱 많이 날 것 같아요.

물론 성희가 편지 드리겠지만 콩쿠르 소식 듣고 잠깐 소식 드렸

어요. 다음 주에 뵐게요(편지로)

*불어사전은 파우치 편으로 보내드리겠어요. 고모님 댁으로 갖다 놓을게요.

혜리 드림

英子 先生!

_1977년 11월 18일

반가운 편지 잘 받았습니다. 그리고 여러분에게도 안부 전했습니다. 한 대사께서 막중한 직책이라 내조도 또한 못지않겠습니다. 외람된 생각이오나 지역적인 앞뒤 상황을 고려하여 살핀다면 그 내조의 상황 여하 또한 달리할 수도 있지 않겠습니까?

영자 선생은 대학에서의 교수이고 대학에서 실로 아낌을 받는 사람, 주어진 사명감(?)도 갖게 마련입니다. 교수 이전에 현모양처라야 된다지만, 보다 농도 있는 자기 충실은 방법론에 따라서는 그 길에의 내조도 될 법한 일. 방향 설정은 부부 두 사람의 진하고 성실한 대화에서 얻을 일이라 생각됩니다.

3月 초가 개강이니 3月 중순쯤에 귀교, 6月 중순이면 End이니 3개월, 9月 중순에서 12月 10日이면 끝나니 3개월, 6개월 대학 근무, 6개월 대사관 근무 참 복된 보람 있는 양직올시다.

부럽습니다! HaHa !

내 본시 말재주 없는 사람, 言力이 없는 말을 드렸습니다. 많은 이해 있으시길 바랍니다.

한 대사께 특별 안부 주시고.

alles Beste !!

김재홍

Très chère Madame Han

_1977년 12월 25일

어설픈 불어가 튀어나올까 봐!

오늘은 Noël입니다.

창밖은 White Christmas가 되었습니다. 금년 한 해 소식도 제대로 못 전해 드렸지만, 동선이나 혜리, 성희 등 통해서 잘 알고 계실 줄 압니다.

과장 서리 수업을 단단히 했지요. 교과 과정이 바뀌고 예비등록제가 생기고 예능에 관해서 연구하라나요. 평생 처음 써보는 감투에 무엇엔가 한 해 동안 쫓겨 다니면서 보냈습니다. 내년 3월에 돌아오실 가능성을 보이셨다고 전해 들었습니다. 大환영합니다. 우선 내가 살 것 같아서… 1학기 하시고 방학에 가셨다가 9月 中旬에 또 돌아오시고. 11月 중순에 떠나시면 그동안에 한 대사는 좋은 post를 찾지 않을까 생각하는데요.

그나마 금년에 성희하고 수륜이 공부 좀 해주어 동아에 턱걸이한 것이 다행으로 생각됩니다. 그래서 학교에서도 좋아하고, 환영을 많이 받았지요. 아기들을 미국에 보내셨다는 말을 들었는데? 오숙경 선생 일설에 의하면.

이제 시간이 좀 있을 것 같으니 자주 소식드리지요. 韓 大使님 건강하실 줄 믿고 있고 지금 쯤 땀 흘리고 있는 Mme을 추억해봅니다.

Joyeux Noël et Nouvelle Année

추신) Dubois 번역이 되었으면 보내 주시고 대학원에 음악 이론 시간을 신설했습니다. 이론 전공도 아울러서 3월에 오시면은 선생님이 하시는 줄 알고 있겠습니다.

성두영

선생님

_1978년 1월 15일

저는 요즈음 마산에 있는 경남대학에 나가고 있어요. 이제 겨우 1회 졸업생을 낸 역사가 짧은 학교입니다. 학생들은 착하지만, 공부를 열심히 안 해서 걱정입니다.

저는 일주일에 10시간을 맡아 열심히 가르치고 있습니다. 처음엔 약간 얼떨떨하기도 했지만 이젠 좀 틀도 잡혀가고 학생들하고 친하게 지냅니다.

며칠 전에는 1학년 6명이 놀러와서 한참 떠들다 갔습니다. 새 학기부턴 지난 1년 동안의 경함을 토대로 더 열심히 할 생각입니다. 훌륭한 이 선생님의 제자로서 부끄럼 없이 행동하겠습니다.

난이는 뉴욕으로 갔다죠? 귀엽던 준영이 가끔 생각납니다. 은애언니 기억할는지 모르겠군요.

저 아직 시집 안 갔습니다. 이 문제로 부모님께 약간 걱정을 끼쳐드리고 있는 중입니다. 늘 안녕히 계십시오.

멀리서 제자 은애가 드립니다.

선생님 보세요

_1978. 2. 3

보내주신 선생님의 사랑이 가득 찬 엽서 잘 받아보았으면서도 게으른 제자 이제야 편지를 올리게 되어 죄송스런 마음 금할 길이 없습니다. 선생님 건강하시겠지요? 항상 선생님 생각을 하고 있으면서도 게으르기만 한 제자가 된 것 같습니다. 선생님의 엽서 받고 얼마나 기쁘고 고마웠는지 이루 말로 다 할 수 없습니다.

그곳의 날씨는 찌는 듯하겠지요. 이곳 서울은 요즘 영하 17°까지 내려가는 견딜 수 없이 추운 날들이 계속되고 있답니다. 한강까지 얼어붙어 버린 혹한이랍니다.

콩쿨은 역시 제 실력과 성의가 모자란 탓으로 낙방이 된 것으로 알고 별로 섭섭한 마음도 없습니다.

이제 며칠 있으면 졸업을 하게 되었습니다. 대학원 시험도 봤는데 그것 역시 떨어지고 말았군요.

선생님 항상 공부하고자 하는 마음은 있으면서도 다른 모든 일들이 그렇듯이 마음만 먹을 뿐, 이 궁리 저 궁리 생각에만 그치게 되어 걱정이 앞섭니다. 주어진 사고방식과 생활환경에서 탈피해 보려하나 그것 역시 생각으로만 계속될 뿐입니다. 선생님의 따뜻하신 격려가 저에겐 얼마나 힘이 되는지 모릅니다. 졸업 후 1년 동안은 특별한 계획도 없고 대학원도 생각대로 되지 않았으니 막연한 가운데 이것저것 그냥 생각 중이랍니다.

참, 백병동 선생님께서도 안부 전하라는 말씀이 계셨답니다. 저는 좋은 선생님들만 만나게 되면서도 언제나 부끄러운 제자만 되는 것이 안타깝고 송구스럽기만 합니다.

선생님 시간 있으시면 부디 부족한 제자에게 격려와 꾸지람을 주십시오. 언제쯤 귀국하게 되시는지요. 선생님이 무척 뵙고 싶습니다. 더운 날씨에 항상 건강하시고, 모든 일 잘되어 나가시길 빕니다.

안녕히 계십시오.

서울대에서 최기순 올림

이영자 선생님께 올립니다

_1978년 6월 18일

선생님, 그간에도 별고 없으실 줄 믿습니다. 지난 15일 화성법 결과가 나와서 글월 올립니다. 올해는 시험 운이 좋은 탓인지 화성법도 좋은 성적을 얻었습니다. 모두가 선생님의 덕분일 뿐입니다. 올해의 문제는 Basse donnée는 적당했으나 Sop. donné는 문제가 반음계적 변화가 심하고 너무 뒤틀어서 출제되었다는 후평이어서 많은 학생이 Sop.에서 실패했습니다. 저는 Sop.에서 점수를 많이 땄고요. 분석은 G. Fauré의 피아노곡, Scriabin의 Sonate No9 중에서 발췌, Ravel의 '말라르메 시에 붙인 노래' 중에서 발췌였습니다.

저의 선생님 제자 중 6명이 응시해서 저만이 일등 졸업을 받았습니다. 선생님 말씀이 뮤슈김은 Sop.에서 힘든 헤엄을 잘 쳤다는 농담이셨습니다.

약 10일 후에 3일간의 대위법 시험에 들어갑니다. 역시 최선을 다하겠습니다. 참고로 올해의 시험 문제와 저의 Realisation을 동봉합니다. 분석 문제는 문제지 자체를 제출해서 동봉하지 못하겠습니다.

항상 선생님께 감사하옵고, 대위법 시험 후 다시 글월 올리겠습니다.

안녕히 계십시오.

김홍인 올림

선생님 보십시오
_1979. 6. 25.

한 차례 북새통이 지나 토요일에 곡을 제출했습니다. 나인용 선생님의 자상한 돌보심에 곡은 무사히 A가 나왔답니다. 더운 날씨에 돌아오실 선생님께 약간은 기쁨이 되지 않을까 생각합니다.

며칠 전은 상인 언니가 시집가고, 성희 언니가 집에 한 번 초대한다는군요.

이번 학기로 호국단 일도 다 끝나고 May day 행사에서 제가 맡은 일도 무사히 끝나, 언제고 학교 일을 한 것은 제게 반드시 도움이 될 거라고 믿고 마무리하려 합니다.

이번 학기에 쓴 곡은 Woodwind Quintet이었고, 5악장까지 작게 suite 식으로 써냈어요. 그러나 wood는 연주자 구성하기가 힘들어 Trio를 방학 중 하나 쓰려고 마음먹고 있어요. 또 방학 중 아르바이트 자리가 구해지면 전에부터 벼르던 운전도 배우려 합니다. 그리고 몇 가지 더할 수 있을까 모르지만, 못 읽은 책도 더 읽고 놀러도 가고 너무 바쁘군요.

선생님, 그림 많이 그리셨다는 얘기 들었어요. 여간 부럽지가 않군요. 또한, 선생님의 작품세계가 있는 만큼 붓으로 표현한다고 하여도 그리 달라지지 않으리라 생각되고 외려 순수하게 색상이 나타날 수 있다고 봅니다.

예술인이란 자기가 알고 곪아 터지도록 잡고 있는 염증을 조심스레 터뜨려 보이는 것이 아닐까 생각합니다. 모두 환자인지도 모른다는 생각을 해봅니다. 그래 모두 서로의 마음을 비벼보려 애

쓰고… 그러나 모두 각자의 밀실을 가진 터라 그건 단지 주위 장터의 웅성거림밖에 되지 않아 다시 본래의 본질적 고민으로 오면 더 심하게 앓아야 하지요.

공연히 어쭙잖은 개똥철학을 선생님께 펼칠 뻔했군요. 대강 생각은 그러하나 현실과의 문제에서는 좀 달라지겠죠.

아버님의 건강이 지극한 어머님의 정성으로 많이 완쾌되셨습니다. 집안에서도 주위에서도 몹시 기뻐합니다. 주위에서 아버님을 늘 필요로 하신다는 것에 감사드립니다. 늘 안부 전하라고 야단이십니다.

어서 돌아오시길 바랍니다. 또 편지 드립니다. 건강 돌보세요.

재은 드림

이영자 교수님께

_1979. 7. 1.

작열하는 태양을 먹고서 길가의 가로수들이 늘어져서, 오가는 이들의 마음을 더 지치게 하는 여름입니다.

교수님 그동안 안녕하십니까? 너무 오랫동안 소식을 드리지 못하고 지금에야 하는 저 자신이 부끄럽습니다.

교수님, 저는 이제 3학년이에요. 너무 많이 큰 것 같아요. 별로 아는 것도 없이 나이만 들고 있어요. 그렇지만 교수님의 따뜻한 배려로 전 지금도 그때를 잊을 수가 없습니다.

진관사 근처 교수님 댁으로 너무 일찍 가서 교수님 주무시는 시간마저 방해한 제가 지금도 송구스러운 생각이 물 밀려오듯 듭니다.

교수님! 언젠가는 교수님께 레슨 받던 노트를 펼치게 되어서 너무 새삼 반갑고, 눈물이 핑 돌 정도로 교수님 생각이 나서 종일 아무것도 못 한 적도 있었습니다.

지금 서울은 미국의 지미 카터 대통령의 방한 축하로 들떠 있습니다. 그런데 비가 계속 내려서 아름다운 우리나라를 보일 수 있을지 걱정도 됩니다.

우리 학교는, 임원식 학장님께서 다른 나라에서 pianist, violinist, cellist를 초빙하셔서 학생들이 레슨을 받을 수 있도록 해주셨습니다. 그리고 2학년 학생들은 화성학 시간에 교수님께서 쓰신 '엄격 대위법'을 배우고 있습니다. 전 누구보다도, 교수님께 잠시라도 사사 받았음이 그렇게 자랑스러울 수가 없습니다.

교수님 저는 며칠 후에 국립극장 소극장에서 우리 학교 학생 몇 명과 함께 변변치 못한 제 곡을 발표합니다. 교수님께서 이곳에 계시면, 가장 먼저 알리고 싶었는데, 계시지 않으니, 이렇게 서신을 통해서만 인사를 드립니다.

교수님, 저는 꼭 유학 가고 싶은데 여권 수속 절차가 저에게 있어서는 무척 까다로운 것 같습니다. 혼자서만 끙끙 앓다가 이렇게 말씀드립니다. 저는 프랑스로 꼭 가기를 원하는데, 그곳의 학교 종류와 갈 방법을 조금만이라도 가르쳐주시면 무척 감사하겠습니다.

교수님, 너무 제 얘기만 드려서 죄송합니다.

교수님 항상 건강하시길 빌겠습니다. 안녕히 계세요.

경희대학교 정순영 드림

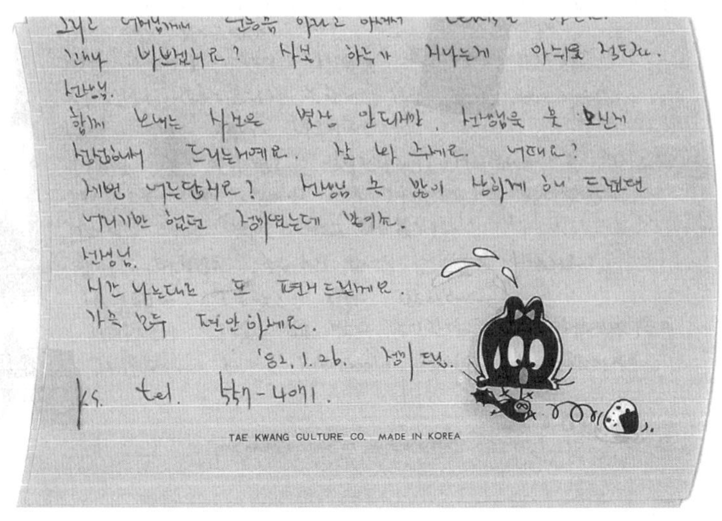

[illegible]
그간 바쁘셨나요? [illegible]
선생님.
함께 보내는 사진은 별로 안되지만, 선생님을 못 뵈서 섭섭해서 드리는 거예요. 잘 봐 주세요. 어때요?
[illegible] 선생님 [illegible]
[illegible]
선생님.
시간 나는대로 또 편지 드릴께요.
가족 모두 편안하세요.
'82. 1. 26. [illegible] 드림.
K.S. tel. 547-40[illegible].
TAE KWANG CULTURE CO. MADE IN KOREA

선생님 안녕하세요!

_1979년 7월 12일

저 종숙이에요. 선생님께 편지 드리려는 마음은 항상 있었지만 제가 마음의 정리가 잘되지 않아서 선생님께 편지 못 드렸어요.

지난겨울 선생님이 서울에 계실 때 선생님 찾아뵙고 난 후 제 나름대로 많은 갈등을 느꼈어요. 그때 생각으로는 3학년이 된다는 사실이 굉장히 두려웠어요. 그 주된 원인은 제가 스스로 느끼기에도 저 자신이 너무도 음악적으로 아는 것이 없다는 것과 이대로 학년만 자꾸 올라가다가 보면 결국은 아무것도 손에 쥔 것이 없이 대학을 졸업하게 될 것 같은 생각에 무척 초조하고 괴로웠어요.

어쨌든 제 나름대로는 가장 보내기 힘들었던 한 학기였던 것 같아요. 그럭저럭 무사히 학기말 시험도 치르고 방학을 맞이했어요.

저는 지금 전주에 내려와 있어요. 아버지께서 전북경찰서로 오시게 되셔서 방학이 시작되자마자 내려와 있는 중이에요. 이곳에 내려와 있으면서 제 나름대로 어느 정도 마음이 정리된 것 같아요. 그래서 선생님께도 조금은 얘기를 드릴 수 있을 것 같아서 이렇게 늦게나마 편지를 쓰게 됐어요.

제 나름대로 생각한 결과 조급한 마음을 버리고 또 항상 실기 선생님이나 또 다른 분에게 의존하려는 마음을 버리고 일단은 스스로 공부를 시작하기로 했어요.

그리고 평생을 두고 공부하겠다는 마음을 먹으면 자포자기하는 마음은 없어질 것 같아요. 그리고 졸업 후에 어쩌면 더 자유롭게 공부할 수도 있을 것 같아요. 그렇다고 지금은 놀겠다는 생각은 아니고요.

요즈음은 현대음악에 대해 좀 알고 싶어서 「12음기법연구」랑 「20C음악어법」을 읽는 중인데요, 읽을 때는 알 것 같다가 제가 활용하려면 쉽게 되지를 않아요.

그런 것이 작곡에 있어서 이론만으로는 이루어질 수 없는 문제인 것 같아서, 결코 작곡이라는 것이 쉬운 공부는 아니라는 것을 느끼게 돼요. 하지만 이번 여름방학 동안 열심히 공부해 보겠어요.

이제 약 한 달 반만 있으면 새 학기가 시작되고 그러면 선생님도 만나 뵐 수 있겠지요.

선생님 그곳에서 꼭 건강하시고, 2학기에는 꼭 서울에 오셔서 저희 수업도 해주시고, 또 격려도 해주세요.

선생님 그럼 안녕히 계세요.

제자 종숙 올림

미 명자 선생님께.

편지지에 이렇게 글씨를 적어보는 것 참 오랜만입니다.
선생님께서 주신 책 『오선 위의 넋이어라 그대의 자화상은』 을
받아 읽으며 놀라움과 함께 새삼은 필히 편지로 해야겠다는 마음이
불끈처럼 되어올랐습니다.

선생님

_le 24 Jul '79

편지 드린 지 꽤 오래된 것 같아요. 모두 안녕하신지요? 이곳은 날씨가 너무 변덕을 부려 종잡을 수가 없어요. 어느 날은 반팔을 입어도 될 만큼 덥다가 그다음 날은 비가 내리고 바람이 불고 춥고…… 감기 들기에 십상인 날씨예요. 두꺼운 옷들을 집어넣을 수가 없어요. 제가 좀 게으름을 피우는 바람에 정숙 언니 편지랑 성희 것이 같이 늦어지네요. 성희는 5月 11日날 결혼한대요. 편지에 자세히 썼을 거예요. 수륜이는 저번 주에 시집갔고 이제 저희 위 학년들이 슬슬 가기 시작하네요. 이번 수요일 날 신인음악회 했어요.

Violin은 작년 동아 콩쿠르 2등 한 학생이래요. 연주자에 따라 곡에서 느끼는 것이 참 다른 것 같아요. Piano도 참 열심히 연습해주었고 무사히 끝났어요. 선생님께 다시 한번 감사드려요. 제가 요번에 신인 나간 건 순전히 선생님 덕분이잖아요. 성두영 선생님도 연습 열심히 시켜 주셨고요. 정숙 언닌 나인용 선생님께, 저는 최동선 선생님께 lesson 받아요. 선생님 두 번 뵈었어요. 동기 20개 이상 만들어 오는 것이 숙제래요. 요번 학기에 Clarinet, Cello, Piano의 trio 3~4악장이랑 Piano prelude를 쓰래요. 너무 양이 많은 것 같다고 말씀드리니까 한 악장을 하룻밤이면 쓴대요. 4학년은 거의 나인용 선생님께로 배치가 됐어요.

저번 선생님 편지는 잘 받아서 모두 갖다 드렸어요. 학동에도 편지와 뭉치와 그리고 할머님 뵈러 갔었거든요. 선생님 옷 맞추셨던 양장점도 달라졌고, 선생님 댁 들어가는 골목이 한 달 새 그렇게 많이 변했을 수가 없어요. 양장점도 하나 생기고 가게도 근사하게 유리문까지 해 달고…… 토요일 날이었는데 숙이 아가씨가 와 있었어요. 제가 가니까 할머님은 무슨 좋은 소식이라도 있으신 줄 아셨나 봐요. 선생님 늦어도 8月 안으로 오신다고 했더니 섭섭해하세요. 굉장히.

며칠 전 저녁에 택시를 탔더니 라디오에서 아이보리 코스트에 대하여 하면서 나오더니 대사님 음성이 들리는 것 있죠. 너무 반가웠어요. 차 소리 때문에 귀를 틀어막고 들었어요. 뜻하지 않은 곳에서 들으니까 참 반가워요. 선생님도 한 말씀 하시지 그러셨어요. 졸업연주회와 신인 때 찍은 사진 몇 장 보내드릴게요. 다시 편지 드릴게요.

안녕히 계세요.

혜리 드림

이번 학기도 이제 끝나가요

_1979년 11월 25일

어제 성두영 선생님께 관현악법 때문에 올라갔다가 성희를 만났는데, 선생님 올까 말까 하신다고요.

겨울이 옴은 봄이 올 것을 상상할 수 있다죠. 새로운 해를 계획해야 할 때인 것 같아요. 그런대로 뒤숭숭했던 초여름의 모든 바람이 잠잠해지고, 주위를 분간할 수 있는 여유도 생긴 듯해요. 간밤의 갑작스러운 빗줄기에 가슴 속까지 후련함을 느끼며 대전행 고속 막차에서 차창 밖의 어둠 속에 많은 생각을 나열해 보곤 했습니다.

날짜 바뀐 오늘 아침에 지난밤을 생각하니, 마치 제가 잠시 꿈을 꾸었던 느낌이 드는군요. 뽀얀 먼지와 땀으로 끈적거리는 감촉을 이젠 씻어버려야겠군요.

얼마 전에 창악회에서 작품을 모집하더군요. 그런데 거기는 굉장히 현대작품이라야 될 것 같아 아직 제게는 거리감이 느껴지는군요. 연대 남학생의 작품을 볼 기회가 있었는데, 그것을 보니 제 작품은 너무 어린 것 같은 느낌이 들었어요.

비판을 많이 듣고 싶은데 주위 사람들은 그렇지가 않더군요. 모든 게 좋은 게 좋은 거란 뜻이겠죠.

사회나 인간의 모순성은 누구의 책임으로 돌릴 수 있을지, 모든 문제의 근본 원인은 어디서부터 손을 대야 하는 건지…….

이번 방학에는 피아노 작품을 써볼 생각이에요. 라벨 작품이 퍽 좋게 느껴져서 악보와 레코드 서너 장을 겨우 준비했어요. 또 마침 선생님의 작품도 3권 있고…. 생각은 그럴듯하게 할 수 있는데 막상 오선 위에는 생각한 만큼의 표현이 힘든 것 같아요. 물론 결과야 소리를 들어봐야 알게 되는 것이겠지만.

내년쯤엔 발표회 준비 좀 하려 해요. 주위가 몇 가지 정리되는 대로.

사람에겐 이렇게 항상 할 일이 산더미 같은데, 따분하다고 얘기하는 사람들은 도대체 어떻게 살기에 그런 말이 나오는지 모르겠어요.

피곤이 심해서 그냥 자버린 날 아침은 항상 무거운 마음으로 출근하게 돼요. 그렇게 누적된 것이 꽤 되었어요.

먼지를 털어내듯 말끔히 정리를 시작해야겠어요.

눈 오기 전에 선생님께 서신 띄울게요. 건강 유의하세요.

진정숙 올림

이 선생님께

_le 24 June 1980

6月 중순경부터 그동안 화창하던 날씨가 갑자기 추워지고 지금까지 청승스럽게 비가 내립니다. 어떤 날은 밴댕이 속처럼 소나기 퍼붓다 활짝 개었다. 또 퍼붓고…… 오늘도 아침부터 비가 내리는군요. 지금 막 gare de midi에 가서 나인용 선생님 배웅하고 돌아왔지요. 그리고 오늘 아침 혜리 편지 받고 pen을 듭니다. 나인용 공석준 선생님, 미국 chicago에 사신다는 윤 사장님이라는 분 세 분이 오셔서 조그만 집에서 저녁 해드리고 즐거운 시간 보냈습니다. Grand place와 오줌싸개 동상, Waterloo 구경시켜드렸지요.

저는 새집으로 이사와 모든 것 정리되어 지내고 있는데 Mme Schmit 선생님이 소개해주신 집으로 다시 이사할 것 같습니다. 지금 집보다 모든 것이 좋습니다. 학교가 약간 먼 것이 흠이긴 하지만…….

한 대사님 서울로 돌아가셨다는 말씀 전해 듣고 바쁘셔서 저에게 편지 없으시다고, 생각했습니다. 요즈음 학교는 다 종강을 하였지만 schmit 선생님이 lesson을 계속해주어 아직 마지막 lesson이 남았습니다. 관현악법도 많은 것을 알게 되었지만, 악곡 분석을 좀 더 하고 책을 많이 읽어야 하겠지요. 하루아침에 이루어질 수 없지만 노력하겠습니다. 그렇게 해이해진 마음으로 지내고 있지 않으니 걱정 않으셔도 되겠지요. 다음에 올 사람들을 위하여 열심히 노력하겠습니다. 모든 삶이 자기를 위한 삶이라는 것을 더욱 실감하며 철

저히 혼자인 것이 어쩌면 행복하다는 것도 이제는 알 것 같군요.

남편의 모습이 아련해가지만, 마음은 항상 곁에 있는 듯합니다. 외롭다고 느끼면 외롭고 즐겁다고 느끼면 즐거운 것 같군요. 극복되어가는 하루하루 삶이 제가 앞으로 헤쳐나갈 길에 큰 도움이 되리라 믿습니다. 항상 선생님 모습 그리며 말씀 명심하고 열심히 노력하겠습니다.

한 대사님 오셔서 모든 가족 한자리에 모이셔서 뜻있고 복된 하루하루 보내시리라 믿습니다. 멀리 나와 한국의 정세가 개인의 이익에 의한 것이 아니라 모든 국민을 위한 나라, 더 이상 시련이 없는 나라가 되기만을 바랄 뿐이지요.

자주 편지 드리지 못함을 죄송스러이 생각하며 또 쓰지요. 할머님, 대사님, 난이, 은미, 준영이, 옥이 모두 건강하시기 바라며 평안하십시오.

브뤼셀에서 성희 드림

V

Iwan Thilda의 Batik dress 입고

_1981

Borobudur Temple - Indonesia

무수한 시간을…

_1981년

일천구백팔십일년 오월 열나흘

무수한 시간을 단 한 줄의 글도 읽지 못하고 보내고 있다. 또한, 바람 부는 봄밤의 창문 덜컹이는 소리에 가슴 짓 찧이는 서툰 아픔 따위와 눈앞에 닥친 해야 할 많은 일. 그리고 지난 일들이…… 이런 등등의 말 따위가 갑자기 우스워졌다. 말의 무기력함과 무례함이 그 이유나 될까, 모르겠다.

Mendelssohn의 無言歌를 듣는다(no. 3 오월의 미풍)
조그만, 그리고 억눌리는 숨겨진 사랑의 노래 같다. 그것은
아니, 그것은 저주를 퍼붓는 노래인지도 모르겠다. 온갖 욕설과 구제할 수 없는 치욕들을 작곡가는 저런 아름다움으로 표현하여 비웃고 있는지도 모른다.
치, 알 게 뭐야. 코- 자는 게 낫다.

선생님,
5월 10일은 일요일, 11일은 부처님 생일이라 아니 '석가탄신일'이라 잘 쉬고 12일에 학교 가서 드디어 몸살…… 열과 오한, 담요 석 장에 이불을 뒤집어쓰고 13일엔 아예 학교 갈 생각도 하지 않고

있다가, 선생님 편지를 전해 받고 너무너무 기운을 얻어 학교에 갔었습니다. 물론 이제 다시 팔팔(?)해졌어요.

교생 실습도 2주일째이기 때문에 꽤 익숙해졌고, 아이들이 너무 순진하고 착하고 긍정적이에요. 요즘 진정한 스승이 없다는 등…… 말이 많지만, 학교에서 본 선생님들 모습은 상상하지도 못했던 정도로 건강하고 훌륭합니다. 꼭 교직을 갖지 않더라도 16년간이나 학교에 다닌 후, 선생님의 입장에서 학교생활을 정리해 본다는 것도 큰 경험이 될 줄로 압니다.

선생님, 준영이는 몸 아프던 것 다 나았는지요. 단발머리가 쑥스럽지나 않을는지. 아니면 머리를 잘랐는지……?

선생님, 언제 뵙게 되나요?

선생님께서 주신 목걸이는 맨날 걸고 학교 가서 폼 잡아요. 히.

나효신 올림

P.S : 선생님 편지 고맙고 죄스러운 마음으로 받았습니다. 선생님. 서울 떠나신 지 오늘로 꼭 한 달입니다.

선생님께

_1981. 5. 25.

요즈음은 안팎으로 분주합니다. 학교는 축제로 요란하고, 대한민국음악제가 시작합니다. 영국 B.B.C 교향악단과 필라델피아와 김영욱의 협연 등 좋은 프로그램이 가득합니다.

모든 것이 푸르고 따뜻하지만 요즈음 참으로 허전합니다. 미묘한 갈등과 정리되지 않은 채 쌓인 일들로 복잡합니다. 빨리 방학이 왔으면 좋겠어요. 학교의 맡은 책임을 그만두면 마음과 시간의 여유가 생길 것 같습니다. 가끔 교정에 세워둔 Ivory 빛깔의 pony 승용차를 보면 선생님께서 서울에 계시는 느낌이 들어요.

논문은 Henze에 대해 조사 중이에요. 자료 찾기가 힘이 들어요. 모든 분도 힘들다고 하니 걱정되어서 진행을 못 하겠습니다. 조금 더 생각을 정리해 봐야겠어요. 2학기에 선생님 오시지 않으면 언제 뵐까요? 선생님께는 누구도 흉내 낼 수 없고 누구도 touch 할 수 없는 선생님의 세계가 확실히 만들어져 있는 것 같아 부러워요. 선생님이 가까이 계시면 인생을 배우며 음악을 알고 싶은데…

선생님은 서초동 꽃마을의 신기한 여인의 말처럼 모든 이의 상담자이고 마음의 벗이기도 하고 모든 사람에게 신경 쓰는 바쁜 생활로 지내시는 용기 있는 분인 것 같아요.

한경수 올림

선생님께

_1981년 5월 29일

안녕하셨어요?

오랫동안 소식을 못 드려 죄송합니다.

얼마 전 외할머니께서 갑자기 쓰러지셔서 일주일간 혼수상태로 계시다가 돌아가셨습니다. 10여 년간 저희와 함께 사시면서 엄마 대신 모든 치다꺼리를 해주셨는데……

고생만 하시다 돌아가셔서 무척 섭섭합니다. 하지만 할머님과 지낸 날들이 이제는 저에게 아름다운 추억으로 남아 할머님이 생각날 때마다 그리움과 따뜻함을 느끼게 되는 것이 얼마나 행복스러운 일인지요.

그동안 저는 전보다 더 많은 아르바이트를 하면서 하루하루를 바쁘게 보냈습니다. 친구의 소개로 강릉에서 이대 작곡과를 오려는 고3 학생을 가르치게 되었어요. 일주일에 한 번 가서 그곳에서 하룻밤을 자고 오면 보수는 한 달에 차비는 빼고 12만 원을 받습니다.

버스를 오래 타는 것이 조금 힘들지만, 일주일에 한 번씩 서울을 떠나 산과 들과 바다를 볼 수 있는 것이 즐겁고 그것이 단순히 놀러 가는 여행이 아니라 일도 하는 것이기 때문에 만족하고 있습니다.

하지만 문제가 없지는 않습니다. 한동안은 「자신이 지금 무엇을 하고 있는 것인지, 자신이 궁극적으로 바라는 것이 무엇인지를 모르는 상태」에서 헤어나지 못했고, 나아지려고 노력하고 있지만, 아직도 명확한 답, 글쎄 「신념」이라고 할지요…… 그런 것을 갖지 못한 것 같아요. 언젠가 어떤 책에서 선생님께서 쓰신 「신념」에 대한 글을 읽은 기억이 나는데요…….

조금은 지친 것인지 마음의 병이 신체적인 병을 만드는지 괜히 여기저기 아픈 것 같고, 힘들고, 다 하기 싫고, 어떻게 해보려고도 않고, 그저. 있는 하루를 소비했다고 할까요…….

친구가 칼릴 지브란의 '예언자'를 읽어보라고 하더군요.

강한 충동이 없는 삶은 진실로 암흑이라고, 그리고 또한 모든 충동이란, 깨달음이 없을 땐 쓸모없는 것이라고. 그리고 또한 모든 깨달음은 노동이 없다면 헛된 것. 그리고 모든 노동은 사랑이 없다면 공허한 것임을.

그대가 사랑으로 일한다면 그대들은 스스로 스스로에게로 귀속시키는 것이며, 그리고 서로서로 마지막엔 神에게로 귀속시키는 것이다.

궁금해하실 것 같아 전에부터 편지를 드리려고 했는데, 이제야 펜을 잡게 되었습니다. 선생님께서는 어떻게 지내시고 계신지요.

서울은 요즈음 화창한 5월의 날씨가 계속되고, 학교는 축제 분위기에 젖어 있어 일부 학생들은 조금 들떠 있는 것 같더군요. 축제 행사도 유례없이 화려한 것 같고요.

저는 며칠 전 독일에 있는 문성희 언니에게 편지를 써놓고 이제 기운 차려 여기저기 알아보려고 마음을 다잡고 있습니다.

참, 며칠 후면 선생님의 생신이지요? 지난해에는 혜원이, 은순이와 함께 안개꽃을 드렸던 생각이 나는데요…… 이제는 너무 멀리 떨어져 계셔 꽃을 드릴 수 없지만, 마음으로부터 뜨거운 사랑과 감사를 드립니다.

언제나 건강하시길 빌면서……

안녕히 계세요.

희정 올림

선생님!
늘 당당하시고 건강하신
그 모습… 사랑합니다!!
-심옥식 올림

선생님 선생님
사랑하는 우리 선생님
선생님이 계셔서
너무 든든 행복합니다
일 조금 줄이시고
건강하게 오래오래
지켜주세요.
고맙습니다
아름다운 얼굴에 혜지 드립니다

선생님.
올해도 건강하시고
행복하세요. 홍사은 올림

선생님!
사랑하고 존경합니다.
늘 건강하시길…
운전 조심하시고…
보행도 조심하시고… 산
꽃은 각도 많이 많이 쓰시기 바랍니다. 상인올림.

선생님,
내내 건강하시기 바랍니다.
진계숙.

친애하는 이 교수님께
_1981년 6월 9일

Jakarta에서는 여러 가지로 감사했으며, 특히 공항에서는 그렇게 예쁜 gifts까지 주셔서 너무 미안스럽습니다. 곧 인사편지를 한다는 것이 며칠 급한 일을 보고 어제 점심에야 김순애 선생님 모시고 우리 이 교수님 얘기를 실컷 하고 나서야 pen을 들었습니다.

자초지종을 말씀드리고 이 교수께서 자기 대신 가끔 점심 대접을 하라고 부탁하더라고 했더니 "그럼 점심은 먹어야지" 하시며 크게 기뻐하셨어요. 자주색 one piece에 Africa에서 갖다 주신 호박 알이 크게 박힌 목걸이를 하고 나오셨는데 "오늘은 이 교수를 생각하고 싶어서 이걸 찾아서 하고 나왔다"라고 하시더군요. 작곡과에 재능 있는 학생 만나기가 매우 어렵다면서 이 교수가 제일이라고 하시고 Jacqueline Kenedy 똑 닮았다고 성격이 탁 트이고……

어제 오랜만에 진정 반가운 사람들 만나 이토록 즐거울 수 없다고 기뻐하시는 것을 뵈니, 이 일을 계기로 자주 뵈올 노력을 하렵니다.

나는 이번 대회에서 부회장이 됐다고 해서 축하들을 해주어 송구스러웠지만 어쨌든 국위 선양의 一部라 조금은 보람을 느낍니다.

이곳에서도 매일 ASEAN 얘기로 가득합니다만 얼마나 마음이 분주하실는지요? 그럼 다시 간간이 소식 전하기로 하고 난필을 줄입니다.

홍숙자 드림

이제 시험도 모두 끝나고

_1981. 6. 30.

이제
시험도 모두 끝나고
아마 마지막인 것 같은
여름방학을 맞는다.
꿈틀꿈틀 소용돌이친
아픔 뒤엔 역시
담담한 미풍이 있기 마련이라더니……

선생님
많이 바쁘셨지요.
이제 좀 한가하세요?
쉬세요. 좀.
너무너무 더워요.
이제 곧 장마가 시작될 테지요.
여름의 중간에
장마가 있어
열기를 식혀준다는 건
고마운 일입니다.
마치 한겨울의 그것처럼

많은 생각과 기쁨을 얻게 됩니다.

7월 4일에 백병동 선생님께서 독일에 가세요. 백림, 하노버에서 발표가 있으시대요. 아마 강석희 씨 등 한국 사람들이 하는 건가 봐요. 백병동 선생님 돌아오시면(7월 20일경) 대위법 공부를 할 예정이에요. 제가 화성학 대위법 공부하겠다고 말씀드렸더니 허락하시더군요.

선생님. 요즘 영어 공부하고 있어요. 정말 이렇게 해도 되는 걸까 하는 염려도 있고…… 모르겠어요. 스스로 격려하며 공부하는 중이에요.

미국의(주로 동부의) 대학원 과정에 Composition(& Theory)과 History가 함께 있는 학교에 원서 신청을 했어요(7개교). 몇 군데 더 알아볼 예정이지만, 생각보다 학비가 싼 학교도 꽤 있어서 다행이에요. 미국에서 공부하다 유럽으로 가는 것도 좋다고들 하던데……

선생님 계셨으면 좀 더 의논드리고 했을 테지만……

시험 보고, 졸업하고, 비행기 타고 가버리면 그만(?)이다. 머, 그렇게 생각하니, 마음 편해요.

선생님, 건강하시지요? 아직 coda를 생각하시긴 일러요. 그런 거 싫어요.

나효신 올림

선생님께

_1981년 6월

안녕하셨어요? 이젠 정말 무더운 여름 날씨가 이곳도 계속되고 있어요.

벌써 연락드린다고 하면서도 이제야 쓰게 되어 무척 죄송해요. 어제 TV에서 선생님을 뵈었어요. 할림공항에서 파란 한복 차림의 선생님 모습을 뵙고 나니 너무 반가워서 말을 할 뻔했지 뭐예요. 무척 바쁜 시간 보내시느라 더운 날씨 속에서 고생도 많으실 것 같더군요. 근데 TV에서 보니 그곳에 나온 사람 중에서 대사님과 선생님이 제일 멋지더군요. 괜스레 제 어깨가 올라가기까지 할 정도니까요.

이젠 1학기의 모든 일이 거의 끝난 것 같아요. 오랜 고통 끝에 작품도 냈고, 학기말 시험도 모두 끝났어요. 지난 학기까지만 해도 마디를 채워나가기에 큰 부담을 못 느꼈는데, 이번 학기에 소나타를 쓰면서 꽤 고생하고, 그래도 제출하고 나니 너무 시원하더군요. 하지만 다음 학기가 또 걱정돼요.

선생님께서 안 계시니 제 실력에……

김현중 선생님께서는 열심히 봐 주셨는데, 음악 분석을 중요하게 다루어 주셨어요. 하지만 곡과 분석을 다 하려다 보니 곡 쓰기는 조금 바쁘기도 했어요. 이제 방학이 되면 다음 학기 작품을 미리미리 구성해서 여유 있게 곡을 써야겠어요.

선생님께선 언제 오시나요? 어쨌든 빨리 오셨으면, 좋겠다는 생각만 들어요.

참, 다음 학기엔 새 음악관으로 이사를 한대요. 그래서 다음 학기엔 그곳에서 신축음악회도 갖고 또 대강당에서 음악회를 할 예정이라서 음대가 무척 바빠질 거라고 하더군요.

엄마는 언제나 바쁘세요. 신학교도 학기말 시험 중이고, 다음 학기 논문 준비도 하시고, 학기말 시험 문제 출제하시고, 거기다 외할아버지께서 병원에 입원하셔서 며칠에 한 번씩 밤 당번도 하시고요. 언제나 선생님 말씀 많이 하시면서도, 바빠서 연락 못 드린다고 죄송해하시더군요.

선생님! 언제나 건강하세요.

안녕히 계세요.

윤혜원 올림

이 선생님

_1981. 8. 7.

무사 분주한 나날들 속에서도 늘 그쪽 생각을 합니다만 뜻이 전해지지 않으니 무슨 소용이 있겠습니까? 큰 손님 맞으실 때 뉴스에서 혹시 볼 수 있을까 해서 열심히 TV Screen을 쳐다보았지요. 비행장에서 남색 한복 입으셨었지요? 잠깐 보았어요.

그렇게 바쁠 때 우리 영감은 염치도 없이 가서 그토록 많은 신세를 졌다고 하여 도와주지는 못할망정 그럴 수가 있느냐고 가벼운 신경질도 내었어요. 정성 어린 선물들 그리고 그 후 그림엽서 모두 감사합니다.

올해 여름은 어찌도 더웠던지, 시원한 그 옷 2개로 여름을 나고 있어요. 어찌도 편안한지 그저 입고 그야말로 enjoy하는 거지요.

음대는 여전해요. 김홍인 씨 부부의 점심 초대로 그들을 좀 더 알게 되었지요. 8月 중순께 신음악관으로 간다고 하여 짐을 다 쌓아 놓아 지금은 건물 전체가 어수선해서 그쪽엔 잘 가게 되지 않아요.

하루의 휴가도 없이 이렇게 매여 있다는 것이 갑자기 불행스럽게 느껴지네요.

지금 우리 집엔 큰 시누이 작은 시누이 딸들이 미국서 방문 중이라 갑자기 식구가 7식구가 되었지요. 이달 말이면 다 제자리로 돌아가겠지요. 저는 갱년기가 되어 그런지 그저 여기저기 쑤시고, 땅기고, 결리고, 아파요.

요 며칠 동안 check하러 병원에 다니긴 하지만 생각으로 이 보직만 벗으면 자연히 나을 것만 같아요. 요즈음은 전혀 기분 전환할 기회도 없고 또 시간도 없어 매일 쳇바퀴 도는 생활이라 더한 것 같아요.

이렇게 내 정신도 못 챙기고 사는 판이라 난이도 돌봐주지 못하고 정말 면목이 없어요.

바쁜 post에 가셔서 두 분이 얼마나 바쁘실까 상상도 못 하겠어요. 오가는 손님 대접만 해도 참으로 심신이 피곤하겠어요. 한 대사님께도 안부 전해주시고 이번에 정말 수고 많으셨다고 전해주세요.

세월이 가노라면 곧 만날 날이 있겠지요. 항상 건강에 유의하시고 가끔 엽서 한 장, 보내 주시는 거로 만족하겠습니다.

안녕.

오숙경 드림

사모님 귀하

_1981

사모님, 대사님을 보필하시느라 얼마나 수고가 많겠습니까? 모처럼 가지신 파푸아뉴기니 방문이신데도 불구하고 소인이 대사님과 사모님, 그리고 박 과장님을 잘 모시지 못하였음을 항시 죄스럽게 여기고 있습니다. 그럼에도 소인과 소인의 가족을 잊지 않으시고 염려와 무관 님을 통해 선물까지 보내 주시니 소인은 무엇을 보답을 드리려 할지 모르겠습니다. 소인은 국가와 민족 그리고 대사님과 사모님을 위해 맡은 바 소임을 있는 힘을 다해 노력하겠습니다.

그리고 솜씨 나쁜 사진 기술이나마 몇 장 보내드리오니 Papua New Guinea 기념으로 간직해 주셨으면 소인은 영광으로 생각하는 바입니다. 안녕히 계십시오.

장학도 올림

보고 싶은 언니께

_1981

언니가 얼마나 제 욕을 했을까 싶어요. 그간 형부랑 언니랑 이쁜 준영이랑 모두 잘 계시리라 믿어요. 요즈음 방학이라 난이와 은미도 와 있으리라 생각되네요. 그곳 날씨가 더워도 온 가족 다 모이면 즐거운 매일이실 테고… 우리도 그럭저럭 잘 비벼나가고 있어요. 긴 여름방학이라 저는 오히려 아이들에게 시달리고 있어요.

아범은 8월 14일 서울로 떠나 2주일 예정으로 다녀온다고 합니다. 마지막 협상하러 간다는데 글쎄 잘하는 짓인지 모르겠어요. 형님이 편지를 쓰고 무슨 전자연구소에 자리를 얻는다는 것 같아요. 우리는 벌써 미국에 10여 년을 살았는데 서울에 가서 잘 적응하려는지도 염려도 되고요. 저도 이곳 생활 혼자 꾸려가며 첼로 공부하랴, Renée 피아노 공부시키랴, 가정부 노릇 하랴, 너무 고생이 되어 서울 가서 편한 생활 할 수 있다면 가고도 싶어요. 한국의 대학에서 가르쳐보고도 싶고요.

저희도 지난 1월에 피아노를 샀어요. Steinway 새것은 너무 비싸서 중고로 샀는데도 큰돈이 나갔지요. 그래도 제 마음은 아주 흐뭇해요. 좋은 첼로도 샀고, 갖고 싶은 슈타인웨이 피아노도 갖게 되었으니까 계속 열심히 살아갈 거예요. 그러면 무엇이든, 어디에든 도달할 것 같아요. 이상이 우리들의 이야기고…

난이는 대학에 잘 다니고 enjoy 하는지요. 피아노도 열심히 치는지요. 뉴욕에서 그냥 음악학교 다니면 되는데 공연히 외교관 자녀다 서울로 오라고 해서 할 수 없이 갔으니 아마 심술이 좀 났을 거예요. 우리 집 Renée도 피아노를 안 치려고 해요. 요즘은 Bach prelude와 fugue도 치고 베토벤의 Sonata도 치는데 나와 매일 싸우고 있어요. 손가락도 잘 돌고 재주도 있는 것 같은데 꾀만 부리고 놀려고만 하니까 악을 쓰고 싸우지요. 하기는 지금 겨우 여섯 살이에요.

언니가 보낸 편지 때문에 우리는 요절복통했어요. 왜냐하면, 글씨는 준영이 글씨고 문체는 언니 솜씨로 너무나 상스러웠으니까요. 언니가 부르고 준영이가 받아 적은 것이죠. 쌍소리가 많이 나와서 얼마나 웃었는지 읽고 웃고, 또 읽고 웃고 언니 편지는 언제 읽어도 재미있어요.

그런데 문제의 Harp 건인데, 알아봤더니 종류가 Orchestra, Symphony, Aurora가 있어요. 금색 칠한 Aurora가 좋을 것 같은데 제일 비싸대요. 1만 6천 불은 되는 것 같아요. 언니가 생각해서 연락 주세요. 언니도 아이들을 인도네시아에 데리고 있어, 많은 손해를 보는 것 같아 좀 안타까워요. 은미도 빨리 미국에 오고 준영이도 Harp 공부 서울 가서 하는 것이 좋을 듯해요. 아이들 교육 다시 생각해 보세요. 그리고 가끔 미국에 편지 보내 주세요. 저도 고민이 너무 많아서 갈팡질팡하곤 해요.

그럼 언니 편하게 지내시길 빌며.

뉴욕에서 정자가

존경하는 선생님께

_1981. 9. 5.

안녕하세요? 그곳은 무척 덥지요? 선생님께서는 어떻게 지내고 계시는지요. 얼마 전 우연히 학교 앞에서 한경수 언니를 만나 선생님 소식을 조금 들었어요. 거기가 너무 좋아서 저희는 모두 잊어버리셨다고요. 하지만 그래도 전 할 말이 없습니다. 언제나 선생님의 마음 쓰심에 비하면 저는 얼마나 부족한 제자인지요.

몇 가지 소식을 전해드릴 것이 있습니다. 은순이가 약혼했어요. 선을 보고 자주 만나고 있긴 했지만, 뜻밖에도 빠른 결정이라 저희 친구들은 놀랐어요. 은순이 어머님의 뜻이 크게 작용했지만, 어른의 맘에 들었다는 것은 그만큼 여러모로 믿음직스럽다는 것을 의미하는 것 같지만, 은순이가 너무 착하기만 해서 밑지는 것 같고 약도 오르기도 해요.

병용 언니처럼 4년간 연애해서 결혼한다면 하나도 놀라지도 않고 걱정스럽지도 않을 텐데요. 그리고 또 한 가지 소식은 독일로 공부하러 가는 길이 조금 열린 것 같습니다. 지난 6월 홍성희 선생님을 찾아뵈었어요. 문성희 언니 소식과 또 독일에 대해 알아보려고요. 그런데 마침 남편께서 회의차 독일에 가시게 되니, 저의 작품과 이력서를 써 가지고 오라고 하시더군요. 갑자기 생각지도 않게 된 일이라 거의 기대도 하지 않고 있었는데 얼마 전 프랑크푸르트 음대에 통과되었다는 소식을 들었습니다. 오는 12월 15일까지 피아노를

친 테이프와 원서를 보내야 하고, 학기는 4월에 시작한다고 합니다.

며칠 전 서울에 잠깐 나온 문성희 언니를 만나 보았습니다. 작곡하는 어려움이 큰 것 같더군요. 제가 생각하고 있던 어려움을 바로 그 언니가 겪고 있는 것을 볼 때 유학을 결심하는 데도 대단한 각오가 있어야 할 것 같습니다.

무엇보다 국악을 잘 모르는 것이 큰 약점인 것 같고, 그렇다고 지금 가야금을 배울 수도 없고요. 단지 이론 서적을 읽어서 큰 도움이 될지 모르겠습니다. 아직은 시작도 못 했지만요. 그곳 선생님께 우습게 보일까 봐 걱정스럽습니다. 8월에는 독어 학원에 다녔고요. 무엇이 그리 바빴는지 여행다운 여행은 못 가고 보냈답니다. 여전히 강릉에 가고 있고요. 이제 며칠 후에 독일문화원에서 회화를 배우려고 하는데 시험을 치러야 합니다.

요즈음은 피아노를 조금씩 치기 시작했고, 베토벤 소나타 11번을 녹음해서 보내려고 합니다. 하지만 아직 현실감이 별로 들지 않고 발등에 불이 떨어지지 않았는지 모든 공부가 다 슬슬~ 이랍니다. 마음도 조금 느긋해진 것 같고요.

선생님! 이러면 안 되겠지요(끼끼……)? 항공우편에다 편지를 쓰기 시작하면 중간에 꼭 망치기 때문에 언제나 어렵고 실수투성이가 되지만, 그래도 또 뵙고 싶답니다. 이번 가을에는 설악산엘 가려고 마음먹고 있습니다. 작년 가을 독일에서 공부하던 친구와 그곳에 5일 있었는데 얼마나 즐거웠는지 항상 그립답니다. 몸 건강히 안녕히 계세요.

희정 올림

뵙고 싶은 선생님

_1981. 9. 24.

요즈음 어떻게 지내시는지 소식이 없어 몹시 궁금합니다.

시간의 흐름은 막을 수 없는 것, 벌써 가을이 왔어요. 여행에서 돌아온 지도 한 달이 넘었는데, 뭔가 귀중한 것을 멀리 남겨 두고 온 느낌이 들고 자꾸만 허전해집니다. 벌써 스물다섯, 빨리 걸어 날아보고 싶었는데, 전 걸음조차 제대로 걷지 못했다는 생각이 듭니다. 누구에게 구애받지 않고 자유롭게 지내고 싶은데 이제 그것이 용납될 수 없는 나이가 됨에 서글픔이 앞서요.

선생님 무엇을 하시는지요? 저희들 보고 싶지 않으신 것 아니에요? 아리는 며칠 후 결혼하고, 아란이는 딸을 낳고, 숙자는 곧 해산이라고 합니다. 문성희는 방학 때 잠시 귀국했었고요. 많은 것이 변합니다.

선생님을 기다리는 학생들, 항상 선생님 생각해요. 음대는 자체 내의 큰 도서실을 갖고 있고, 감상실도 굉장히 큽니다.

전 이번 학기부터 조교를 그만두었습니다. 논문은 11월 13일까지예요. 죽겠어요. 선생님, Starvinsky의 시편 교향곡을 합니다. 미국에도 Henze에 관한 것은 없었어요.

여행에서 배운 것이 참 많아요. 선생님 계시는 곳도 정말 한번 가 보고 싶습니다. 작년 추석 전날 선생님 댁에서 송편 빚던 생각이 나요. 그곳도 그런 명절이 있는지요? 효신이도 잘 있고 모두 건강히 학교 다닙니다.

선생님 건강하시고 즐거운 생활 하세요.

한경수 올림

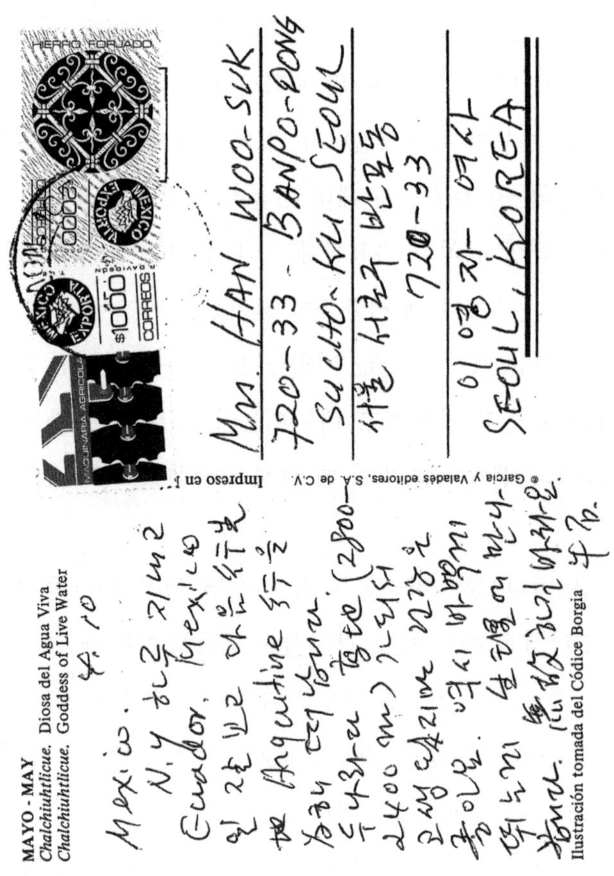
MAYO - MAY
Chalchiuhtlicue. Diosa del Agua Viva
Chalchiuhtlicue. Goddess of Live Water

Mr. HAN WOO-SUK
720-33 BANPO-DONG
SUCHO-KU, SEOUL
서울 서초구 반포동
720-33
이영자 여사
SEOUL, KOREA

Ilustración tomada del Códice Borgia

© García y Valadés editores, S.A. de C.V. Impreso en

선생님

_1981. 9. 26.

모두 안녕하시겠지요. 저도 잘 있어요.

24일 2시 20분에 도착을 했는데 비행장에서 바로 학교로 뛰어야 했어요. 그날이 작곡과 시험이라는 걸 몰랐거든요. 박일경 씨가 Mme Fontyn에게 말씀드려서 원래 오전이 시험인 것을 저 때문에 오후로 연기를 해주셨대요. 얼마나 감사드려야 할지 모르겠어요. Mr. 박이 얘기해서 잘 대변해 주었고요.

Fontyn에게 작곡 학생이 8명인데 그중 한국 학생이 4명이래요. 이대가 잘해야 할 텐데 걱정이에요. 10月 1日 개강이래요. 등록도 했고요. 집만 구하면 되는데 빨리 구해질지 모르겠어요. 월요일 날 알아봐서 우선 웬만하면 정하려고 해요.

첫날 밤에는 성희가 친구 집에 가서 자고 오지 않았었거든요. 제가 새벽에 화장실 갔다 오는 동안 방문이 잠겨서 얼마나 혼이 났는지 몰라요. 성희 앞방이 여자인데 그 여자랑 손짓, 발짓 짧은 불어 단어 주워 삼키면서 상황 설명을 하고 주인 부부가 올라와서 3명이 불어로 얘기하는데 정신이 하나도 없었어요. 성희 올 때까지 몇 시간을 식당에서 떨고(이곳은 서울 11月 날씨같이 쌀쌀하거든요). 성희는 왔는데 열쇠를 갖고 있지 않아, 다행히 창문이 열려 베란다로 해서 창문으로 넘어 들어간 거 있죠? 이제 방 얻어 나가면 손짓, 발짓 꽤 해야 할 것 같아요.

조금 전엔 벨 소리가 나서 나가니까 2명의 남녀가 불어로 뭐라고 막 물어보는데 꼬마 애 '리티'라는 애를 찾나 봐요. 무조건 "Je n'habite pas ici" 해서 돌려보냈어요. 모든 것이 생소하고, 그런데 백화점을 가니까 살맛이 나는 거 있죠. 우리나라랑 다를 바가 없어서요.

사라는 사람도 없고요. 마음 놓고 천천히 구경했어요. 선생님이 짜시는 실 파는 곳도 보고요. 아주 재미있었어요. Mr 박이 많이 도와주고 있어요.

자고 일어만 나면 항상 비가 와 있어요. 해가 안 나서 더 으슬으슬 추운 것 같아요. 그래도 기분이 가라앉는 날씨예요. 다음 주 이사 가고 선생님들 만나 뵙고 다시 쓸게요.

혜리 올림

우선 아이스크림을 하나 물고

_1981. 9. 30.

선생님 손가락 안 부러졌어요. 히.

졸업 연주 무사히 마쳤고(Woodwind Quintet & Monologue for Piano), 내일부턴 10月 이에요.

졸업 연주, 감기…… 어쩌고 해서 좀 앓았어요. 지금은 심리학 강의 끝나고 애들은 다 돌아가고 저는 피리 부는 사나이(국악 이론을 듣는데, 대금 하시는 이상규 선생님 별명이에요) 시간 때문에 2시간이 비어요. 휴게실에 와서 있는 거예요.

변변히 곡도 못 쓰고 대학원 시험 보려면 fugue 공부도 해야 할 텐데…… 혜리 언니 떠났다는 소리도 들었고, 참 경수 언니는 맨날 도서실에서 만나는데 논문 때문에 울상이에요. 그리고 사은이 언니는 한 번도 못 봤어요.

저희 학년에선 경자랑 저랑 대학원 가겠다고 나섰고(?) 아마 두어 명이 아직 결정을 못 내렸고, 주리는 불란서 간대요. 이제 두어 달 남짓 남았어요(11월 말에 4학년은 끝난대요. 기말시험까지) 10~12월 대위법 공부하고, 1월에 시험 보고 영어 공부도 시작해야 할 것 같아요.

다음 학기엔 선생님 꼭 오세요? 준영이랑 은미랑 모두 잘 있나요? 선생님 어떻게 지내세요.

잘 상상이 안 돼요.

졸업 연주나 콩쿠르나 유학 따위가 삶의 목표는 아니지만, 살아가며 한 번씩 짚고 넘어가는 '맥'이 되는 것 같아요. 사그라지지 않은 의욕을 스스로 수준에 맞게 절제하며 공부하는 것이 아마 제 길인 듯싶기도 하고.

선생님, 편지 또, 보내 주신 옷에 묻어오는 선생님 사랑, 항상 느끼고 있어요. 아마 잘해나갈 거예요.

또 편지 드릴게요.

효신 올림

선생님께

_1981. 10. 24.

안녕하셨어요? 서울은 뜻밖에 어제(10月 23日) 첫눈이 왔어요. 은순이와 저는 눈이 올 때면 경복궁에 있는 '다원'이란 찻집에서 눈을 감상하곤 했는데, 이제 그런 낭만을 만끽할 수 없을 것 같아요.

오늘은 은순이가 함을 받았어요. 갑자기 기온이 떨어져 영하 4℃까지 내려갔는데, 함이 빨리 안 들어와서 애를 먹었어요.

은순이는 댕기를 땋고 색동치마저고리를 입어서 너무 예뻤어요. 그동안 친구들이 많이들 결혼했지만, 은순이가 결혼하니까 현실감을 느끼게 되어요. 은순이와 저는 아직 어린아이 같은 면이 많은 것 같아요.

어제는 은순이가 홍성희 선생님께 인사 가겠다고 해서 인사를 마치고 '추억의 교정'을 했답니다. 그저께는 국립극장에서 음악회를 했는데 '추억의 장충당 공원'을 하려다 날씨가 너무 추워서 택시를 타고 내려오면서 눈으로 했어요.

그러면서 은순이는 처녀 생활(?)을 정리한답니다. 덕분에 저도 대학 시절의 추억을 되살리면서 마음을 정리한답니다.

정말 모든 것이 감사할 뿐이에요. 저희에게 정신적으로나 물질적으로 부족함이 없이 살아올 수 있도록 도와주신 분들께(主님, 부모님, 선생님……) 절실히 감사를 느끼고 있어요. 이렇게 축복이 내려질 때는 무엇인가 主님이 저를 세상에서 작고 부족하지만 의롭게 살기를 원하시기 때문일 거란 생각이 들어요.

제가 요즈음 지난날을 생각하니 노력 없이 학창 시절을 참으로 무사히 마쳤다는 생각이 들어요. 그러고 보면 공부하는 데만은 악착같은 면이 없는 저란 결론이 내려져요. 누구의 덕분인지 몰라도 人生의 꽤 많은 부분을 채웠다는 생각이 들어요. 24年을 살아온 이 집에서도 언젠가 떠날 것이란 생각을 하니 지금, 이 순간이 가장 행복하단 생각이 들어요. 누군가에게 항상 받기만 하던 사랑을 앞으로는 누군가에게 베풀면서 살아야 할 테니 앞으로 人生이 내가 살아온 그리고 살고 있는 이 순간보다 몇 배로 힘들 거란 생각이 들면서 아무리 힘들어도 살아온 순간을 생각하면서 기꺼이 감사하면서 살리라고 다짐하지만, 저의 큰 단점은 의지가 약한 것이니 살아봐야 알겠지요.

저는 요즈음 요리 선생으로 승격했어요. 특히 중국요리에 취미가 있어서 손님들만 오시면 신이 나서 대접을 하니까 손님들이 잡수시고 저한테 배우겠다고 신청을(?) 해서 제 친구들과 엄마 친구들을 가르치는데 중국 요리사와 다른 점은 노트를 보면서 가르치는 거예요.

저도 가르치면서 배운 것을 복습하기 때문에 무료봉사이지만, 재료는 학생들이(?) 준비한답니다. 요리를 공부로 생각하니 진짜 학문에는 뜻이 없는 것이 아닌가 생각돼요.

앞으로 확고한 계획도 없는 상태이지만, 지금이 좋다는 사실만은 확실한 것 같아요. 선생님. 너무 수다를 많이 늘어놓았지요? 은순이 집에서 돌아와 책상에 앉으니 선생님 생각이 나서 몇 자 적어요.

건강하세요.

그리고 항상 主 안에서 충만한 생활이 되시길 기도하고 있답니다. 저도 그렇게 되도록 기도해 주세요.

참, 희정이는 독일로 떠날 준비를 차곡차곡 하고 있는 거 같아요. 학문에 있어서 희정이가 친구 중에 가장 큰 그릇인 거 같아요. 희정이는 훌쩍 떠나서 꽤 오랫동안 못 만날 것 같은 예감이 들어요. 종숙이는 미국 갈 준비를 하고 있는데, 떠나야 "가나 보다" 하지, 쉽게 떠날 것 같다는 예감이 안 들고요…….

병용이 언니는 인천에 아파트를 샀어요. 은순, 희정, 종숙, 제가 똑같이 갈 수 있는 날이 수요일인데, 그것도 맨날 사정이 생겨 돌아오는 수요일에 꼭 가기로 했어요. 왜냐면 30日이 희정이 생일이어서 병용 언니 집 구경 겸, 희정이 생일도 하려고요. 희정이는 몰라요. 그날 기쁘게 해주려고요. 왠지 그 생일이 희정이를 위한 마지막 생일이 될 것 같은 예감이 자꾸 들거든요.

또 연락드리겠어요. 안녕히 계세요.

조혜원 올림

이영자 교수님께

_1981년 10월 25일

건강하시고 평안하시리라 믿으며 펜을 듭니다. 곳곳으로 흩어졌던 사람들이 일요일 밤이 깊으니 제집을 찾아드는지 차 소리, 사람 소리…… 밖이 시끄럽군요.

작년보다 이곳은 유난히도 추위가 빨리 오고 바람이 심하고 비도 자주 오고 우박도 떨어집니다. 안개도 짙게 끼었고.

그저께 금요일 밤 8시, 학교 강당에서 작곡과 학생 작품 발표가 있었지요.

박일경 씨의 목관 4중주곡과 저의 Violin suite이 연주되었지요. 유학생들과 교민 몇 분이 오셨고 끝난 뒤 다과회도 가졌지요. 제 작품은 악보 사보 다 해서 방학 전에 연주자에게 맡기고 갔는데 pianist와 연결이 되지 않아 이틀 전 직업 반주자를 구하여 겨우 했지요. 연습 부족으로 속도가 제대로 되지 않아 답답했지만 아쉬운 대로 만족했습니다.

작품이 무대 위에서 연주될 때 항상 그렇지만 연주자 이상으로 조마조마 떨리고 부끄럽기만 합니다. 방송국에서 녹음했기 때문에 방송 Tape를 복사해 달라고 부탁하려 합니다. Fontyn 선생님께 감사드렸고 연주자 비용을 방송국에서 지불한다고 하더군요. 연주자들이 서울에서와 다른 느낌을 주더군요. 진지하고, 감정적이고…….

제 얘기만 한참 했군요.

선생님 편지 받아본 지도 꽤 오래된 듯합니다. Indonesia 가시자마자 쓰셨었는데… 그 후로 요즈음 무척 바쁘시다는 말씀, 난이와 혜리 편으로 듣고 있습니다. 편지 안 주시더라도 항상 건강하시고 평안하시기 바랍니다. 대사님께서도 안녕하시겠지요. 혜리 말로는 선생님께서 내년에 이곳에 오실 계획이 있으셨던 것 같던데요. 꼭 오셨으면 싶군요.

며칠 전 박동욱 선생님께서 다녀가셔서 모처럼 유학생들이 모여서 담소하였습니다.

그곳은 덥겠군요. 창이 흔들리고 몹시 추운가 봅니다. 오늘은 꼼짝도 안 하고 방구석에만 있었군요. 또 서신 띄울게요.

항상 항상 건강하세요.

성희 드림

선생님.

믿기지 않지만 선생님 올해 육순이시네요.
내년이 환갑이시란 생각을 했어도 연세 실감은 못했는데….
마지막 Paris에서의 생신 즐겁게 보내시기 바라요.
항상 건강하시기 바랄께요.

90. 6. 4 혜리 올림

백지에 붉은 선을 긋고
_1981. 10. 26.

백지에 붉은 선을 긋고, 우선 불을 좀 더 밝히자.

미래악회, 창악회 모두 연주회가 있었고 동아 콩쿠르도 끝났다.

그리고 예의 그 가을이 또.

도대체 무엇이고 썼다는 것이 마치 psycho-drama처럼 어수선할 뿐이다. 막상 曲을 쓰지 않고는 더욱 힘들지만 할 말이 없을 땐 침묵을 지키라고 했다.

어수선한 「something」보다는 텅 빈 오선지가 훨씬 낫다.

허나.

덕수궁엔 은행잎이 역시 물들었고, 국전이 열리고 있으며, 새 음악관도 이젠 새집 특유의 그 냄새를 못 느낄 정도로 친숙해졌다. 선생님 방은 백 선생님께서 일주일에 두 번 쓰실 뿐(그땐 담배 냄새와 썰렁한 먼지 냄새만을 맡는다) 언제고 문이 잠긴 채다.

졸업 연주… 어쩌구 모두 끝난 듯이 모두들 마주치면 말없이 웃기만 한다. 순위 고사 준비니, 대학원 시험 준비니 바쁜 애들… 모두 그냥 그렇다.

fugue는 알지도 못하고 굳이 알아야 한다는 생각도 없다.

어떤 때는 분칠을 하고, 또 어느 날엔가는 종일 굶고 앉아 음악을 듣는다. 둘 다 그냥 그런 일들이다. 두어 달쯤 전부터는 레슨도 안 받는다. 모든 것이 그리 급할 것도, 특히 중요한 것도 없어 보인다. 동동거려도 능력만큼 또한 노력만큼 얻을 뿐이고, 또 살 만큼 살다가 죽어지는 것.

가을일뿐인데 모두 겨울인 것처럼 수선을 떤다. 주말엔 동해로 떠날 계획을 세운다.

효신 올림

P.S: 난이 별 대화는 없지만 늘 눈여겨봅니다. 항상 명랑! 식사시간 잘 지키시고 많이, 많이 주무세요.

선생님께 올립니다

_1981. 10. 30.

그동안 여러 일에 바쁘셨을 줄 믿습니다. 한 대사님께서도 안녕하시옵고 선생님께서도 재미있게 지내시는지요? 6月인가 TV에서 잠깐 선생님을 뵌 적이 있습니다. 이곳 학교는 모든 일이 전처럼 흐르는 듯싶습니다. 이제야 겨우 이대의 분위기나 작곡과의 공기를 느끼고 있습니다. 김순애 선생님 여전하시고 얼마 전에 악보 출판기념회도 가지셨습니다. 성두영 선생님께서는 항상 바쁘십니다.

선생님께서 빨리 오셔야 모든 일이 생기가 있을 것 같고, 내년 봄에 오신다니 다행으로 생각합니다. 저는 주로 김재홍 선생님 방에서 놀고 또 수업이 많아서 항상 바쁘게 지냅니다.

2학기에는 강순미라는 시간강사가 한 사람 더 늘었고 나머지는 1학기와 같습니다. 음악대학이 전체적으로 정원이 줄 것 같고, 준다면 작곡과는 졸업정원이 30명이 될 예정으로 있습니다. 학교는 2학기부터 새 건물로 옮겼고 시설이나 구조는 나무랄 데 없이 좋은 것 같습니다.

10月 8日에는 김용윤 선생님의 지휘로 새 음악홀(김영의홀)에서 개관 연주회가 있었고, 10月 26日부터 내일(31日)까지 6日간은 소연주홀에서 개관 기념 국악제(국악과 주관)가 열리고 있습니다. 학장 선생님께서 모든 일에 열심이시고, 홍성희 선생님께서 옆에서

잘 보좌하십니다.

4학년 졸업연주회도 다 끝났고, 앞으로는 대학원 졸업 연주, 논문 심사, 그리고 12月 1日의 전공 실기 채점만 남아있습니다. 하도 바쁘게 지내니 세월이 너무 빨리 지나는 것 같습니다.

선생님 항상 건강하시고 한 대사님 모든 일이 잘되기를 빌겠습니다.

선생님께 항상 감사드리며,

김홍인 올림

P.S: 요즈음에 출간된 책을 재미있게 읽으실 것 같아 동봉합니다.
말투는 너무 닮지 말아 주십시오.

선생님께

_1981. 11. 6.

안녕하셨어요?

저는 2학기가 되어서 매일 등산하기가 힘이 들어요. 신축음악관 때문이죠. 미대 위에 있는데, 언덕을 낑낑 올라가 보이는 문이 지하 2층이거든요. 게다가 강의실은 대부분 3, 4층이라 숨이 무척 차답니다. 게다가 지각까지 했다 하면 정말 죽어나요. 교실에 문이 하나라서 여간 미안한 것이 아니고요.

학교에서 난이를 만났는데 선생님께선 파티도 많고 무척 바쁘시다던데… 그래도 내년 학기부턴 꼭 오셔야 해요. 네?

아리 언니는 10월 1일에 결혼을 했고, 혜리 언니는 브뤼셀로 떠났고, 엽서도 왔어요.

저는 요즘 Alliance française에 불어 배우러 다니고 있어요. 이번에 굳게 마음먹고 3달 코스를 신청했어요. 지난주 월요일에는 KBS 제3TV 교육방송 영어 회화시간에 제가 나갔었답니다. 3일을 녹화하는데 떨려서 혼났어요. TV로 제 모습을 보니 그렇게 어색할 수가 없고 목소리도 영 딴 사람 같았어요. 보수는 3만 원을 받았는데, 돈을 받고 또 한 번 떨었지요. 제 손으로 무슨 일을 해서 돈 벌어 보기는 처음이었거든요. 아무튼, 기분이 흐뭇했어요.

얼마 전 방에서 라디오를 듣다 보니 아주 익숙한 목소리가 들리지 않겠어요. 자세히 들으니 김홍인 선생님께서 F.M에서 곡해설을 하시는 거였어요. 가끔 예기치 않게 아는 익숙한 목소리를 듣거나 편지를 받는 것이 참 좋은 거 같아요. 선생님 저에게도 예기치 못한 편지를 받아보는 기쁨을 주세요.

건강하시고 안녕히 계세요.

김효원 올림

큰이모 이모부께.

...especially for you.

Have a Blessed Christmas

음악회 끝나고 다음날로 서울 떠나느라 인사도 제대로 못드려서 죄송합니다. 이번에 이모 여러번 뵙고, 무엇보다 너무나 아름답고 특별하고 정말 마음을 흔들리게 하는 이모의 곡들 들을 수 있는 기회가 있었어서 정말 저희 둘다 참 기쁘고 좋았어요. 이모가 용돈도 너무 많이 주셔서 너무 죄송했어요. 감사한 마음으로 잘 쓸게요. 늘 절 아껴주시고 격려해 주시는 이모가 계셔서 얼마나 든든한 지 모르겠어요. 이모, 이모부 건강하시구요, 원하고 계획하신 많은 일들이 이루어지는 축복된 새해가 되시길 기원할게요.

강은 민영 올림.

그동안 안녕하셨어요?

_1981

벼르기만 하다가 편지가 너무 늦어졌어요. 혜원이 통해서 선생님 소식은 많이 들었어요. 선생님께 받은 선물을 어찌나 자랑하는지, 저희(종숙, 희정)는 한없이 부러워했었지요.

그곳에서도 영어와 붓글씨 등 잠시도 쉬지 않으신다는 얘기 듣고, 저희도 다시금 많은 반성 했어요. 저는 8月 중순에 약혼했고, 내일 결혼식 해요.‘

약혼 후 곧 소식을 드렸어야 하는데, 3개월이 어찌나 빨리 지나갔는지 모르겠어요. 하도 시집을 늦게 가겠다고 해 와서 아무런 준비도 해 놓지 않았었는데 갑자기 가게 되니까 거의 매일 쇼핑 다니고 Apt. 꾸미느라 모든 시간을 써 버린 것 같아요. 저희 어머님은 요사이 몸이 안 좋으신데도, 쉴 틈이 없어서 계속 아프신 상태로 일을 보시느라 주위 사람들이 걱정들 하지요.

지내면서, 시집가는 게 얼마나 힘든 일인지 이젠 좀 알 것 같아요. 혜원이는 “어른 되는 게 쉬운 일인지 아니?” 하고요.

얼마 전에 홍성희 선생님께 인사 갔었는데요. 대학원에 연구 과정이라는 게 있다고 1학기에 6학점(자유 선택)만 따면 된다고 시간 바쁘면 ‘연구 과정’이라도 학교엘 다녀보라고 하셨어요.

시집가서 생활이 어떻게 될지 모르고 아직은 살림에 자신도 없고 해서 생각 중인데요. 학교는 다니고 싶은 생각이 많아요. 결혼은 나하고는 무관한 것처럼 생각하다가 막상 앞에 닥치니 걱정만 되고 통 자신이 안 생겨요. 6月에 선을 봤는데 성모병원 소아과 레지던트 3년이지요.

의사라 그런지 아버지께서 가장 흡족해하세요. 선생님이 이곳에 계셨으면 같이 인사라도 갔을 텐데요. 지난 약혼식 때 친구들과 찍은 사진 동봉합니다. 약혼식 때는 병용 언니가 꽃꽂이를 해주고, 희정이가 piano를 쳐 주어서 더욱 뜻깊었어요.

빠른 시일 내에 선생님께 인사드릴 기회가 왔으면 좋겠어요. 몸 건강히, 즐거운 생활 하시기를….

조은순 올림

英子 先生

_1981. 11月 11日

아차! 했습니다. 주소를 난이에게 물어서라도 먼저 편지 보낼 걸 하구요. 안녕하시다니 좋습니다. 구옥을 대학원에 몰려주고 새 교사로 이사했고 시멘트 집에다 싱겁고 날날이 집입니다. 無情일 수밖에 없는 허황한 건물입니다. 다만 Concert Hall(김영의 홀)은 음향이 비교적 좋아서 다행입니다. 그래서 음대 신축 개관 음악회를 10月8日에 했지요. Beethoven triple concerto를 이종숙, 장혜원과 연주했는데 이 노인은 힘에 겨웠습니다.

나는 17年 살던 신촌 집을 싸구려로 학교에 팔고 압구정동 현대 Apt에 열흘 전에 이사했습니다. 구세대를 청산하고 새 시대가 됐습니다. Apart란 편리는 하지만 땅을 밟아보고 나무를 쳐다보는 여유가 없어 쓸쓸합니다. 시멘트 속에서 엘리베이터 밟고 자동차 타고 있다가 4층 시멘트 속에 들어와 있는 것으로 남은 인생을 보내야 되는 신세가 되었습니다. 우리 과는 4층이 됐습니다. 내 방은 kaffee Haus가 또 하나 더 늘어 점심 식당이 됐습니다. 음대에서 교수식당까지는 너무 거리가 멀어서 선생들 도시락 갖고 오게 됐습니다. 저마다 다른 반찬을 내놓고 방안이 흥청거립니다. 성 선생, 김홍인 선생도 회원이지요. 때론 영자 선생이 화제가 되기도 하는데 내년에 영자 선생을 특수회원으로 모시라고 회원 완전일치

아! 그런데 오숙경이 병원에서 몇 달째입니다. 며칠 전에 병원에

들렀습니다.

오 선생 내 손 붙들고 그 오열 오열이 쉴 새 없는 눈물에 난 참느라 애썼지만 내 마음도 같이 울어 버렸습니다. 병명이 분명치 않답니다. 먹지도 못하고, 내 생각엔 신경성에다 학무과장으로 과로가 정도 이상 아닌가, 그가 살아남으려면 인생은 쉽게 배짱 훤하게 사는 지혜를 터득하는 일일 겁니다. 그가 살아온 인생은 이제 크나큰 진통을 가져온 셈입니다. 하루빨리 좋아져서 우리 남강에 가서 사시미 먹자고 말하고 돌아왔습니다. 그리고 인도네시아 영자 선생 고장에 가서 쉬자고 영자 선생 편지에 써 있더라고 말 전했습니다.

구라파에 가서 또 공부라도 하겠다고요? 지나친 욕심입니다. 내조도 버리고 학교도 몰라라 하는 일 괜한 넋두리로 압니다만, 그만 쓰겠습니다. 특별한 안부 말씀, 한 대사께 주시고 꼼싸 Harpe 걱정입니다.

서울에서 김재홍 드림

선생님께.

선생님 건강하신지요.
선생님 못 뵌지도 오래되어 이제 손가락이 제법 접혀질 정도네요.
새해에는 뵐 수 있었으면 합니다.
선생님, 늘 건강하시고, 행복하시고
원하시는 많은 일들 순조로이 성취하시기를
바라며
새해에는 복 많이 받으세요.

1984. 12. 경숙 드림.

사모님!

_1981. 11. 16.

자카르타를 떠난 지도 벌써 3개월이 다 돼 가는데 소식 한 자 없었음을 우선 사과드립니다.

5년 만에 그렇게도 가고 싶었던 곳에서 정들었던 사람들과 실컷 정담을 나누고 즐거움에 가득 찬 시간을 갖느라 그랬었지만, 남재가 새로운 곳에서의 적응이 안 돼서, 가 있는 동안 줄곧 아파서 매일 병원에 쫓아다니다 이곳으로 오기 얼마 전에는 서울대학 병원에 입원까지 하고 조금 나아진 것 같아 10月 21日 OSAKA에 도착했습니다. 지금은 건강을 다시 찾았지만, 항상 불안한 것은 언제 또 기관지 천식이 재발하지 않을까 하고 조마조마한 마음뿐입니다. 늦게 하나 얻은 자식이라 더 그러한 것인지 아니면 제 성격 탓인지 대범하게 아이를 키우지 못하는 내가 짜증스럽게도 생각되지만 제게는 그것이 전부이니 어쩌겠습니까.

서울에서의 난이는 사모님의 가르침을 그대로 받아 우리 해리와 남재에게 성의껏 시간을 마련해 주고 도움을 줘서 제가 어른된 도리를 하지 못한 것 같아, 늘 미안한 마음뿐입니다. 같이 있을 때는 그 사람과 정들을 미처 느끼지 못하다가 정작 떠나고 보니 JAKARTA의 모든 분이 얼마나 소중하고 내가 왜 그곳에 있을 때 좀 더 잘하고 떠나지 못했었나를 후회하며 다른 곳에서는 그것을 보충하리라 했었지만, 인간은 늘 과오를 계속하면서 살아가나 봅니다. 서울에 도착해서부터 계속 자카르타 식구들의 끊임없는 사랑과 도움을 이곳에 와서 새삼 느끼는 것은 너무나도 대조적인 생활방식 때문이 아닌가 합니다.

이곳은 생각했던 것 같은 복잡한 생활은 전혀 없는 것 같습니다. 아빠만 매일 바빠 너무 피곤하다 보니 가끔 저한테 신경질을 부리고 출근을 한 다음은 저도 우울해지고, 빨리 내 취미 생활과 전공 등을 열심히 해서 바쁜 시간을 갖는 것만이 해소책이 될 것 같습니다.

아직도 저는 부부 동반해서 인사 같은 것도 해본 적이 없어 한국 사람이라고는 영사관 식구를 지난 토요일에(30명) 집으로 초대해서 같이 점심을 하면서 인사를 처음 나누었을 뿐입니다.

길거리에 나가도 전혀 남을 의식할 필요도 없고 저에게는 정신적으로 참으로 편안한 것 같습니다. 관저라는 것이 60평짜리 아파트로 4세대가 같이 사는데 우리는 2층에 있습니다. 응접실은 그런대로 크고 방은 4개가 있고, 모든 것이 다 편리하게 되어 있어 기계가 빨래, 그릇, 청소, 다해 주니 자카르타처럼 힘들지 않군요. 모처럼 저는 신혼 때처럼 매일 부엌에 들어가 반찬 만드는 것이 일이지요.

아직 말이 통하지 않아 단어 몇 마디씩 외워서 시장에 다닙니다. 근처에 大丸이라는 백화점이 하나 있어 시내를 나갈 필요가 없고, 살림하는 데는 불편함이 없습니다. 시내에서 30분 정도 떨어져 있는 곳이라 찾아오는 사람도 없을 것 같습니다. 모두 차도, 운전사도, 없다 보니 왕래가 전혀 없는 것 같습니다. 저도 차는 없을 것 같습니다. 모든 것을 이제부터는 제가 해야지 아빠한테 의존하는 것 같은 일은 없을 것 같습니다.

이곳에서는 여기가 공기 좋은 곳이라고 여기서 산다고 하면 무조건 부자 취급을 한다는데 저는 별장같이 높은 곳에 자리 잡힌 이곳이 조용하고, 경치가 좋아 마음에 들지만, 아빠는 불편한 집이지요.

오래간만에 가을 단풍이 오색찬란하게 물들고 멀리 강이 바라보이고 전철이 쉴 새 없이 지나다니는군요. 가을 공기를 벗하며, 남재와 공원에 나가 이 좋은 기후와 시간을 빨리 활용하려 합니다. 그동안 여기는 파티 같은 것도 없고 해서, 비품이 큰 것 몇 개밖에 없어서 한동안은 새로 살림을 다 사야만 했고, 집 구하느라 뛰어다니다 보니 정신적인 여유가 없다가, 이제 좀 한가한 시간을 가질 것 같습니다. 해리는 아직도 학교에 못 가고 내주나 수속이 끝날 것 같습니다.

사모님은 또 바자 준비하시느라 바쁘시겠고, 여전히 많은 파티에 땀 흘리시겠지요. 짜 주신 스웨터는 아까워 입지도 않고 가끔 꺼내서 입어보고 도로 제 자리에 넣어둡니다. 언제 또 뵙게 되려는지 항상 지도해 주시기 바랍니다.

아빠랑 나가서 책 좀 골라보고 싶었지만, 아빠가 통 시간이 없어 제가 무조건 제목만 보고 우선 두 권 보냅니다. 필요하신 물건 있으시면 꼭 적어 보내 주세요. 물가는 자카르타에 비하면 엄청나게 비싸지만, 반면 의외로 싼 것도 있고 고급 물건이라고 사고 싶은 것이 많을 것 같습니다. 대사관 식구들께 각별하게 고마웠던 점들 감사하고 있다고 말씀 전해주시고, 사모님 가정에 항상 건강과 기쁨이 늘 함께하시기를 멀리서 기원드립니다.

편지 늦음을 다시 한번 사과드리면서…….

OSAKA Mrs 윤 드림

제목마저 알 듯 말 듯한

_일천구백팔십일년 십이월 십일 목요일

제목마저 알 듯 말 듯한 노래(pap song)가 조용히 너울거리는 저녁녘,

시험도 두 개만 더 치르면 모두 끝난다

허망하다

허망하다

졸업 때면 하는 상투어 또 한 번 쓰게 된다. 허망함 그러나 살고 죽음 앞에서 졸업이란 너무도 송구스럽고 감사한 일정이다.

대학원 시험은 그럭저럭 치르고 16일이 발표일이다. 21일엔 President Hotel에서 사은회를 한다. 예정대로 모든 것이 차근차근 이루어지고 하나씩 붉은 줄을 그어 가며 가슴이 조금씩 가라앉는 것을 느낀다. 새로운 한 해 앞에서 숙연해진다. 채 끝내지 못한 일들 모두 정리하고 새로운 해 졸업을 맞고 싶다. 이젠 잠을 잊고 밤을 지키는 이들을 위해 눈이라도 내려 주었으면 좋겠다.

바위처럼 함묵한 위대한 것 자연 앞에서 숨소리마저 죽이다.

들뜨고 방황하던 속에 모두 조용해졌습니다. 아무 말 없이 졸업하겠다는 듯.

christmas 때는 또 바쁘시겠지요.

선생님 그곳에 가신지도 오래됐습니다. 쉬지 않는 시간에 초조함도 모르고 풍요로운 현재에 정신없이 뛰어다니는 것이 사는 겐지…….

선생님 건강은요?

나효신 올림

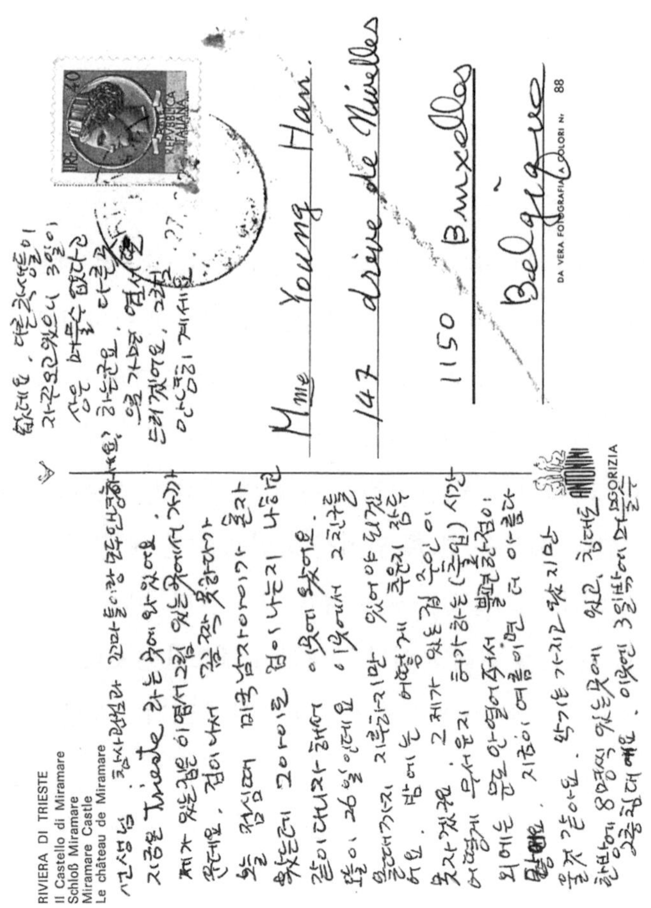

선생님
_1981. 12.

그동안 안녕하셨습니까?

매일 선생님 생각을 하면서도 미처 편지도 드리지 못하고 또 한 해를 보내는 것 같습니다.

선생님 저는 그동안 획기적인 변화가 있었어요. 너무 갑작스럽게 서두른 일이라 미처 선생님께 보고도 드리지 못했습니다. 이곳에 계셨다면 제일 먼저 알리고 싶었는데요…… 저 12月 1日에 결혼했어요. 하도 갑작스럽게 서두른 일이라 친구들에게도 제대로 연락도 못 하고 아무튼 정신없이 진행된 일인 것 같아요.

그동안 엄마는 다리를 다치셔서 수술을 받으신 뒤라 결혼 준비는 제가 직접 다 한 셈이죠. 엄마는 지금도 다리를 절룩거리시며 겨우 걸으실 정도거든요.

선생님, 결혼을 생각지도 않고 있었는데…… 아빠 엄마도 그러셨고, 특히 아버지께서 제가 막내라 빨리 보내는 것을 섭섭해하셨어요.

신랑 쪽에서 올해 안에 꼭 식을 올리고 싶어 했는데 시어머님께서 저를 더 좋아하셔서 부모님들 뵙기도 전에 날짜를 잡아 오신 데서부터 일이 시작되었어요.

만난 지 한 달 만에 말이죠. 친구가 시어머님을 알아서 우연히 소개한 거지요. 지금도 시어머님이 저의 엄마보다도 더 잘해 주셔서 시댁 식구들의 어려움을 잘 모르겠어요. 결혼 전부터 시어머님과 다니기 바빴거든요. 지금도 그렇고요.

선생님 결혼이 뭔지도 채 알기 전에 시작된 게 벌써 20일이 가까워지는데요. 지금은 밖에 손님들이 와 계셔서 저는 잠깐 안방에 들어와서 급히 선생님께 보고드리는 거라 편지가 영 뒤죽박죽인 것 같아요. 손님을 벌써 세 번째 치르는 거라 이런 여유가 생긴 것 같아요. 시간 나는 대로 또 편지 드릴게요. 가족 모두 평안하세요.

이정미 드림

오빠 언니 그동안 안녕하셨어요?

_1981. 12. 17.

오빠 편지는 벌써 여러 날 전에 받고 저희 다 답장을 못 드려 정말 죄송합니다. 어머니 떠나시고 철호 아빠 인도에서 돌아온 후로는 계속 Gatt 회의하느라고 벌써 한 달이 넘도록 밤 1시, 2시까지 집에 못 들어오고 대사관 출근하지 않고 직접 회의장으로 가서 날을 보냅니다.

좋은 결과가 어떤 건지 들어도 매일 모르지만, 아무튼 이달 말에는 무슨 결과가 나온다니까 그때가 되어야 좀 한가해지려는지 모르겠어요.

며칠 전에 같이 회의하는 15여 개국 다른 나라 대표들을 데려와서 정말 국제적인 저녁 대접도 했습니다. 좁은 집에서 어떻게 했나 싶군요.

어머니 떠나시고 한동안 적적했습니다. 어머니는 지루하셨겠지만, 저희는 3개월이 어찌 지났는지 모를 만큼 빨리 갔었죠. 한가할 때 아이들 학교 보내고 돌아오며 레만호숫가에 혼자 앉아 사색에 잠기곤 했는데 이 근래에는 호수 근처에도 못 앉아 봤습니다.

오빠네는 인도네시아에, 언니네는 아테네에, 우리는 스위스에, 공자네는 서울에 이렇게 4형제가 넓은 세상 밖에서 흩어져 살고 있으니 언제 가서 다 같이 모여 한 번 살아보려는지 세월만 덧없이 빨리 가나 봅니다. 며칠 전 어머니 생신 때 음력 달력 착오로 날짜를 놓치는 바람에 전화도 못 올렸습니다. 정말 죄송합니다.

오빠 댁에 가셔서 계신다고 생각하니 너무나 믿음직스러워 어머니 혼자 서울 계실 때처럼 마음이 쓰이질 않는군요. 불효 용서해 주세요.

어머님이 가지고 가신 도토리묵 가루 드셔보셨는지요. 이 가을에 어머님이 매일 정원에, 공원에 나가셔서 손수 주우시고 우리시어 손수 만드신 것입니다.

엊그제 공자네랑 전화했습니다. 어머니 생신에 언니가 경로잔치처럼 차려드렸다고 어머니께서 기뻐하셨다고 신이 나서 말하더군요. 어머니도 복이 많으셔서 효도 많이 보시는 거라고요.

아이들은 모두 건강히 잘 있습니다. 18일부터 방학해서 한 3주 쉬는데 벌써 스키 타령에 올겨울엔 어디든 안 가고 못 견딜 것 같아요. 아빠가 저리도 바빠하니 그게 가능할지 몰라도요.

그럼 언니 기분은 안 나는 더운 곳이지만 더운 대로 성탄절에 온 식구 오붓한 시간 보내시길 바라면서(이곳의 이 많은 눈을 조금이라도 못 보내드리는 게 아쉽군요) 오늘은 이만 문안드립니다. 안녕히 계세요.

제네바에서 돈자 올림

영!

_1981. 12. 27.

너무 미안한 것뿐이에요. 무엇부터 써야 할지?

오 선생님! 덧없이 가버리셨어요. 人間의 목숨이 그렇게도 연하게 쉬이 꺾이는 것을! 고걸 살다 갈 인생을 그렇게 애쓰고 눈물 흘리며…… 마음속 한 번 제대로 말 못 하고…… 참으로 영에게 면목이 없어 죄스러운 마음에 망설이다가 더 늦어졌어요.

아프시다는 소식 듣고 논문 쓰느라고 한참 만에 가 보니 세상에!

기운이 없어 겨우 말하면 입에다 귀를 대어야 겨우 알아듣겠고 눈만 깜빡하며 자꾸 우시지 않겠소. 영이 있었으면 영에게 속을 털어놓으면 격려하여 힘을 얻을 텐데, 하는 안타까움 말도 못 했다오. 가서 찬송도 불러 주고 기도해 주면 참 좋아하셨어요.

人生이란 '박사'면, '교수'면 뭐하겠소. 불과 몇 달 만에 속절없이 다 버리고 가는 것을! 교학과장인지 하느라고 너무 무리한 탓인지. …… 자기 몸도 생각해야 하는데 고지식한 분이……

장례식은 이대 중강당에서 아래 위층이 꽉 차서 밖에도 손님들이 많이 서 있었어요. 오천석 박사는 83세 시라던가?

마악 흐느끼며 시종 우시고 딸의 사진에 얼굴을 비비대시는데…… 볼 수가 없습디다.

가는 길 인간의 힘으로 막을 수 없으니 안타깝지만 오 선생님 분명히 천당 가셨으니 성경 말씀대로 그곳에는 눈물도 아픔도 괴로움도 미움도 없는 곳이라니, 이제는 오 선생님 진짜 영원히 계실 거예요. 도리어 우리를 위해 기도하실 거예요.

영! 정말 우리도 열심히 예수 잘 믿다가 함께 그곳에서 모두 만납시다.

영! 몸조심하고 무엇보다 제발 예수 믿읍시다. 열심히 죽음 후의 심판을 피해 예비해야죠. 잘 믿으면 죽음도 겁 안 나요. 나는 매일 걱정이 하나도 없다오. 하나님이 지켜 주시고 인도해 주시니까 진짜로 너무 기쁘고 너무 모두 감사한 것뿐이에요. 오 선생님 일을 보니까 이젠 다 집어치우고 교회 일이나 돕다가 죽었으면 좋겠어요. 우리 人生은 자기만 위하는 것보다 남을 위하는 데 삶의 보람이 있는 것 아니겠소. 우리들의 生이 얼마 안 남았는데 예수님 잘 믿으며 예수님이 우리 죄 위해 십자가에서 목숨을 버리신 것 같이 우리도 남을 위해 살다가 보람 있게 가도록 후회 없이 삽시다.

새해엔 더욱 건강하시고 집안엔 하나님의 축복이 많기를 기도해요.

봄에는 꼭 돌아와요.

쓸 말은 아직도 많은데…….

인화가

VI

JAVA 섬에서

_1982

Kecak Dance, Bali.

큰고모께

_1982년 1월 7일

하도 오랜만에 편지를 쓰게 되어서 정말 죄송한 마음뿐이에요. 목걸이도 잘 받고 카드랑 편지도 모두 잘 받았습니다. 그곳 고모부, 준영, 은미 그리고 난이랑 온 가족 다 모이셔서 무척 반가우셨겠네요. 난이 갈 때 한참 윤정이 병원에 입원해 있을 때라 가는 것도 못 보아 주고, 어쨌든 난이 혼자 무던히 참고 잘 견뎌 주어 기특할 따름입니다. 음악회는 잘 끝났고, 윤정 아빠가 Program을 먼저 보낸 줄 알았는데 미국 작은고모께만 보냈나 봐요. 죄송해요.

하여간 여기 한국 생활은 저에겐 아직도 서툴러서 마음대로 잘 안 되는 것 같아요. 이곳은 어머님 건강하시고, 큰엄마도 바쁘게 지내시고, 둘째 큰엄마 댁은 무사히 집수리 다 마치시고 새집으로 이사 가셨어요.

음악회 날 큰고모의 Sonatine는 반응이 어찌나 좋은지 창작곡은 '박은희에게'라는 말이 오갔습니다. 치면서도 한참 도취했고 또 감명받았어요. 특히 2악장의 Romance는 아주 매력 있는 악장이에요.

백병동 선생님도 아주 만족하셔서 그날 곡 중에서 고모 곡을 제일 잘 쳤다고 칭찬하셨고, 김정길 선생님은 너무너무 좋으셔서 그저 싱글벙글하셨어요. 정말 고모 생각이 나서 혼났지요. 무대 연습 때 나 혼자 가서 치고 있노라니 처량한 생각도 들더군요. 이곳 교수님들을 만나면 늘 고모 얘기가 오가지요. 모두 뵙고 싶어 해요. 저의 오빠는 또 여행 중이시고 그때 다녀오신 후 그렇게 고모 얘기를 쉬지 않고 해요. 아마 상당히 감동받으셨는지 신이 나서 얘기하세요.

이곳은 통행금지가 없어지고 웬만큼 모든 것에 여유가 있어 보이네요. 고모께서 나오시면 멋진 곳에 가서 밤새우고 놀고도 싶어요.

대사 사모님으로, 교수님으로, 또 어머님으로 맡은 크나큰 역할을 잘해 내시고 또 멋있게 연출하시리라 믿습니다.

내내 건강하세요. 다시 연락드릴게요.

모두께 안부 전해주세요.

박은희 드림

아울는 이 음악회를 주최한 Association des anciens élèves du Conservatoire 에서도 저를 잘 봐줬고 우리 학교 교장도 5 월 4중주에 "la harpiste est formidable" 라고 했대요 ... 헤헤.

그리고 12月 18日에는 이 5중주를 음악회날 녹음을 했대서 다시 한번 해야 돼요.

참, 그리고 음악회 끝나고 250 F 받았어요. 그래서 어제 정말 좋고 세련된 Metronome 하나 장만했지요. Paris 에서는 500 F 되는 건데 Francis Pierre 가 일본 가는 편에 우리가 부탁했었거든요.

저는 그래서 2주일 한번씩 harpe leçon 주고 120 F 벌어요. 내주 화성·Écriture 하는 Conserv. 친구에게 harpe 가르쳐 주고 100 F 씩 받아요.

지난번에 명부장 언니 왔을 때는 재미있게 잘 지냈어요. 언니께서 시키신대로 점심 낙원 가서 제가 외환은행 Chèque 바꿨어요. 반은 dimanche + ... 하고 288 F!

그리고 지난 Week-end 에는 Dijon 아줌마 아들 Bruno 가 음악회 하러 Dijon 왔다가 이틀 Paris 에서 지내서 같이 저녁도 먹고 Conservatoire 도 구경시켜 달래서 안내해 줬지요.

Mme 쪽은 여전히 종종 전화해 주세요. 그리고 Mme Jamet 는 사정이 있었는지 하여간 1 동네 수술을 해서 요새 학교에 안 나오는데 이제야 두 달 만에 안녕하다고 남편도 안도의 숨을 쉬더군요. 무척 délicat 했었는가 봐요. 그래서 저보고 시간 나면 잠깐이라도 들러달라고 하더군요. "Toi, tu n'est pas pareil comme toutes les autres" 하면서... 저를 참 좋아하나봐요. 서울서 가져온 은수저를 X-Mas 에 드리고 공부 잘 하는데 이제 끝을 줘야 겠어요.

그리고 저는 요새 3·4月 Concours 곡들을 준비하는데 자유곡으로는 Sonate de Tailleferre 를 해요. (전 1·2·3 악장).
C'est très difficile, musicalement!.

서울은 모두 안녕하시겠죠! 늘 조심하세요. 경자 언니도 sans trop de problème 잘 있는지 안부 전해주세요. 그리고 빙키·Loulou·현우·Gigi 도 꼭 안아주세요 de ma part.

그럼 저 이만 줄일께요. 음악회 Programme 하고 은희 언니가 엄마의 일본 작곡가 명함을 하나 보내고 가져온 거 같이 보냅니다.
Quintette 악보는 다음에 보내드릴께요.

P.S. 조금 전에 빵집 하나 또 받았어요. 가면 찐~뜩 들어있네요!!

선생님

_le 7 Jan 1982

어제 선생님 편지 받고 너무나 놀라서 이제야 편지를 드리게 됩니다. 저도 한참을 혼자 울었는데 선생님 마음은 어떠시겠어요. 하나님은 항상 공평하시다지만 어느 땐 참 가혹하신 것 같아요. 선생님께서 항상 인도네시아로 휴양 오시게 한다고 하시더니만… 너무 과로하셔서 합병증이 되신 모양이죠? 병명이 무엇이래요? 한창 일하실 나이에 너무 일찍 가신 것 같아요. 제 주위에 있는 누군가가 먼저 죽는다는 것은 참으로 슬픈 일이에요. 타고 난 명이긴 하겠지만요. 생각이 나요. 선생님과 같이 병문안 갔던 일…… 아마도 내다보지 못하고 그날그날 아웅다웅하며 살다 가는 것이 인생인가 봐요. 마음이 너무나 슬프고 눈물이 나네요. 모든 사람이 날 때부터 주어진 운명에 의해 큰 변화 없이 살아가는 것이 인생이라는 제 생각이 점점 맞아 가는 것 같아요. 남들은 저더러 모두 할머니 같은 말을 한다지만요. 정말로 선생님은 오래 사셔야 해요. 갑자기 엄마 아빠도 걱정이 돼요. 안 보고 떨어져 있으니까 그런가 봐요. 슬픔, 걱정 다 떨쳐버리고 열심히 공부해야 한다고 마음먹어요. 선생님도 속히 잊으셔야지요.

오 선생님은 항상 선생님 가슴 속에 살아계실 거예요. 앞으로도 영원히…

선생님 Card 받고서 매우 기뻤어요. 선생님의 붓 잡으신 손 모양이랑 그림 그리시는 모습이 눈에 선해요. 빨리 뵈었으면 좋겠어요. 사진으로나마 뵈어서 아주 반가웠고요. 이젠 저도 사진기가 생겼으니 사진 찍어서 보낼게요. 저번에 성희가 한 정 찍어 주었는데 너무 어두워서 실패했어요. 선생님 Card 앞에서 꼭 찍어서 보내 드릴게요. 선생님이 보내 주신 Card는 고이 간직할게요. 오늘 Fontyn 선생님께 lesson 갔었는데 선생님 Card를 받았다고 하셨어요. 제가 선생님 사진 보여 드렸더니 "C'est Ambassadrice, très très belle" 하셨어요.

미국 동양 grocery에서 주간지를 하나 샀는데 이경애가 나왔어요. 극단 '현대'에서 하는 뮤지컬 극인가 봐요. 이봉조 씨 지휘이고요. 선생님께 보내려고 가져왔어요. 88페이지에 있으니까 보세요. 선생님 이거라도 보시고 기분 푸세요. 선생님 박정희 언니가 시집갔다고 제가 말씀드렸던가요? 정숙 언니가 편지했는데 12월 5일인가에 결혼했대요. 다 짝이 어디엔가 있는 모양이에요. Fontyn 선생님이 84년에 한국 나가신대요. 선생님 또 편지 드릴게요. 슬퍼하지 마세요. 안부 전해주시고요.

혜리 드림

사랑하옵는(감히) 선생님께

_1982년 1월 13일

선생님 그간 안녕하셨어요. 보내 주신 카드는 너무너무 감사하게 받고 기뻐서 어쩔 줄을 몰랐는데 이번에는 생각도 할 수 없었던 선생님께서 보내 주신 사진을 전해 받고서는 감사하다는 말로는 다 표현할 수 없을 만큼 가슴이 뭉클함을 느꼈습니다. 세상에 어느 선생님께서…

선생님! 저는 선생님을 존경하올뿐더러 선생님과 같은 마음으로 멋지게 생활하고 싶어요(요망 사항).

선생님!

오 선생님의 사망 사건이 선생님께 너무나도 크게 지배하시는 것 같아 저도 참으로 안타깝고 슬프고 가슴 아픕니다. 명복을 빌 수밖에 없는 남은 우리들…

선생님! 진짜 살찌신 것 같았어요. 약 아직도 복용하세요? 선생님을 속상하게 하고 신경 쓰시게 하는 우리 학생들을 안 보시니까 그러신 것 같아 참 죄송해요. 난이가 그곳으로 도착했을 테니 식구들이 모두 다 모이셨겠지요. 식구가 모두 함께 있으니까 이국이란 생각이 덜 드시겠네요. 마치 세상이 돌아가고 식구들은 가만히 있는 것 같은 feeling!

오늘은 인도네시아, 내일은 파리, 모레는 한국, 뭐 이런 식으로요.

선생님! 얼른 오셔서 여러 가지 얘기 듣고 싶어요.

사람 사는 곳, 변화로운 사고방식 등등

어제는 일일생활권의 매력을 저도 약간은 만끽한 기분을 맛보았어요. 부산을 다녀왔거든요. 10시 발 새마을호 기차를 타고 2시 50분에 부산역에 도착하여 5시 표를 끊어 두고 남은 2시간 동안 태종대를 드라이브하고 또 제가 좋아하는 '생선회'도 먹고 그리곤 애석하고 애틋한 마음을 가지고 서울행 기차를 타고 9시 50분에 서울 도착, 무사히 돌아왔지요. 참! 통행금지가 없어졌어요.

바다를 맛보고, 주황과 황금빛으로 빛나던 저녁노을이 연보라로 변해가고, 그 마지막 발악하는 저녁 햇살과 차창으로 들어오는 빛과 제가 일직선을 이루고.

멋진 날이었지요.

선생님 건강하시고 원기 회복하세요.

Love 황현숙 드림

선생님

_le 19 Janvier 1982

지금 막 선생님 편지 반갑게 받았어요. 어제저녁 선생님 생각이 많이 났었는데 오늘 아침 편지 받으려고 그랬었나 봐요. 벌써 1月의 반이 지나가 버렸어요. 선생님 말씀대로 얼마나 세월이 빨리 가 버리는지 모르겠네요. 어제오늘은 봄 날씨처럼 따뜻해요. 그렇게 많이 쌓였던 눈도 다 녹아 버리고.

저번 금요일엔 Fontyn 선생님 댁에 갔었어요. 성희랑 같이 가지 않았으면 온종일 찾았을 거예요. 지도를 선생님만 알게 그려 주셨거든요. 한가한 시골 풍경이었어요. 토요일 아침엔 Quinet 선생님께 Lesson 갔었어요. Suite Ⅰ이 끝나고 Ⅱ를 쓰는데 선생님 마음에 드신다고 "C'est très Jolie très jolie" 하시면서 어떻게 생각하냐고 하셔서 그냥 있었더니 놀라시면서(안 좋다고 생각하는 줄 아셨나 봐요) "Dites, Pourquoi pas?" 자꾸 그러셨어요.

아름다운 Tervuren 공원이 지금은 앙상한 나무들로 처량한 느낌이에요. 이제 봄이 되면 상당히 아름답겠지요.

화성학 시간은 주로 조교들이 끌어가고 있는데 나이 어린 사람들이 화성학 도사들이에요. 어제는 Flûte과 piano를 위한 16마디 Waltz 풍의 곡을 써 오는 숙제가 있었어요. Flûte 하는 학생이 나와서 숙제한 것 몇 개를 불었는데 너무너무 작곡들을 잘해서 제가 작곡 전공이라 하기가 창피할 정도예요.

3月 18日은 Conservatoire 150주년 기념이라서 Grande Fête가 있대요. 그날 저녁엔 Quinet 선생님 곡을 연주한대요. 선생님께서 이곳에 계셔서 같이 보시면 얼마나 좋을까요.

바로 이웃인 독일 프랑스에는 공부하는 학생(음악)들이 굉장히 많은 모양이죠? 비엔나엔 말할 수도 없이 많더고 몇 년 후면 선생님 사태 나겠어요. 어찌나 공부하는 사람이 많은지요. 다들 얼마나 열심히 노력하겠어요. 저도 열심히 노력해야지요.

편지 또 드릴게요.

혜리 드림

이영자 선생님 귀하

_1982. 1. 20.

선생님, 오숙경 선생님께서 돌아가셨어요? 저는 너무나 놀라워서 한참 동안 어안이 벙벙했습니다. 미국에서 공부 마치시고 돌아온 지 몇 해도 되지 않아서 어찌하시다가 그렇게 훌쩍 떠나버리셨는지요? 저도 이렇게 가슴이 아픈데 선생님께서는 얼마나 더 놀라셨는지요? 돌아가신 선생님을 위하여, 또한 저의 존경하는 이영자 선생님의 아픈 마음을 위하여 기도드립니다. 그리고 하루속히 가벼운 마음이 되시길 바랍니다.

저는 요즘 여전히 독일어를 배우러 다니고 있습니다. 그리고 다음 주부터는 Aachen시 도서관에 있는 피아노 연습실에서 피아노를 치려고 합니다. 학생이 많아서 시간표를 짜서 제시간에 연습할 수 있답니다.

처음엔 코 큰 사람만 봐도 겁이 나더니 요즈음은 같이 CAFÉ도 마시고 떠듬떠듬 독일말로 얘기도 하고 차를 혼자서 몰고 다닌답니다. 참으로 부자 나라이고 부러운 것도 많은 것 같아요.

선생님, 늘 평안하세요.

이상인 올림

선생님!

_1982. 1. 25. 새벽 0시 32분

그동안 안녕하세요? 보내 주신 편지와 사진 정말 너무나 반갑게 잘 받았습니다. 저희의 조그마한 소식에도 꼬박꼬박 답장을 해주시는 선생님의 자상하신 배려에 뭐라고 감사의 말씀을 드려야 할지……

요즘 우리나라는 통금이 없어져서 갑자기 마음이 느긋하답니다. 그렇다고 밤늦게 귀가하는 여대생이 되어서는 안 되겠죠. 호호

올해부터는 학교에서나마 선생님을 뵐까 했더니 사정이 잘 허락하지 않는다고 들었습니다. 저도 이쁜 사진이 있으면(비록 원판은 못생겼지만) 보내드리고 싶은데 정말 유감스럽게 생각합니다.

저희는 모여서 틈틈이 선생님 얘기를 하며 웃곤 합니다.

틀린 곳에 '미쳤니, 돌았어!'라고 써 주시던 선생님이셨으니까요.

비록 선생님과 저희가 떨어져서 각자 자기 생활을 하고 있지만, 항상 서로를 위해 기도하고 또 잊지 않는 생활을 했으면 좋겠습니다.

그럼 선생님!

만나 뵐 때까지 몸 건강히 안녕히 계세요.

또 소식 드리겠습니다.

송미경 드림

뵙고 싶은 선생님께

_1982. 1. 26.

논문도 끝나고 연주도 끝나 할 일 없는 사람이 되었어요. 지금 아리가 사는 삼천포에 왔어요. 한라건설에서 지은 Apt에 살고 있는데 궁금하여 들러보았어요. 박재은이 master하고 1월 중순에 서울 와서 만나보았어요. 숙자는 아들 낳아 얼마 전 백일을 맞았는데 미국에 이민 가려고 해요.

올해도 학교에 안 오실 거란 얘기 들었는데 사실인가요? 백병동 선생님께서 작곡과장직을 맡으셨다고 합니다. 난이와 통 연락 못 했어요. 사람이 이런가 봐요. 선생님 안 계실수록 더 챙겨야 하는데… 제가 생각하기에 선생님을 가까이하고 싶어 하는 사람들은 선생님으로부터 생활의 용기를 얻고 자신감을 되찾곤 하는 것 같아요. 언젠가 그러셨어요.

"난 인생에서 인간고(苦)를 겪는다."라고, 선생님. 가장 소중했던 선생님의 벗 오 선생님은 편히 좋은 곳으로 가셨을 거예요. 최선을 다하여 생활하였으니까요. 전 그분을 처음 뵈었을 때 난초 같은 느낌을 받았습니다. 선생님께서 그 일로 너무 마음 상하시지 않으셨으면 좋겠어요.새해에도 건강하시고 모든 일 성취하세요.

한경수 올림

선생님!

_le 8. Feb. '82

벌써 82년의 한 달이 지나버렸어요. 할머님 대사님 안녕하시고 난이 은미, 준영이도 잘 지내겠지요? 선생님께서는 어떠신지요? 지금 밖에는 또 비가 내리고 있어요. Quinet 선생님께 lesson 가기 전 시간이 좀 있어서 적고 있어요. 다 마치지는 못할 것 같네요. 저번 주 lesson 갔을 때 perce neige가 피었다고 보여주셨어요. 눈처럼 순결하게 보였어요. 나무들이 다 앙상한 가지로 떨고 있고 땅은 꽁꽁 얼었는데 그렇게 가냘픈 꽃이 어떻게 뚫고 나와 꽃을 피웠는지 참 생명의 신비로움을 다시 한번 느꼈지요. 사모님께서 Mme HAN이 이 꽃을 그리워하고 있다고 말씀하셨어요. lesson 다녀와서 쓸게요.

지금 막 lesson 다녀와 밥 먹고 난 후예요. 오늘은 꽃이 아주 많이 피었어요. 내주면 굉장히 많이 필 거래요. 오늘은 Bach Invention 분석하고, Beethoven Sonata orchestration하고, 3번째 작품을 쓰기 시작했어요. Orchestration 하는 것이 점점 나아진대요. 1주일에 4번 불어학원까지 다니려니 하루가 얼마나 빨리 가는지 모르겠어요. 사람은 어리나 나이가 많이 드나 꼭 같은 것 같아요. 불어학원 시간이 꼭 초등학교 교실 같아요. 조금 아는 사람은 서로 잘났다고 아무 단어나 말하고 서로 하겠다고 손들고…… 마치 인종전시장 같은 느낌이 들어요.

내일은 학교에서 연주회가 있어요. Fontyn 선생님 남편 곡을 연주한다고 꼭 오래요. Quinet 선생님은 3月 초 palais des beaux Arts에서 공연하는 발레곡을 작곡하셨고, 2月 말과 3月 초에 place Flagey 방송국에서 녹음이 있고 3月 18日 저녁엔 음악회가 있으시대요. 요새는 Concerto Grosso를 쓰고 계세요. 연세가 많이 드셨는데도 항상 열심히 작곡하고 계세요.

머리를 북으로 두고 자면 안 된다는데 여태껏 방향을 모르고 북쪽으로 두고 잤었잖아요. 그래서 모든 일이 안됐나 봐요. 조금 아까 침대 다 옮겼어요.

또 편지 드릴게요.

혜리 올림

이영자 선생님께

_1982. 2. 22.

안녕하셨어요? 저는 지난 토요일 드디어 시험을 보았답니다. 그리고 교수들과의 구두시험이 있었어요. 독일어 음악 용어도 잘 모르겠고 차분히 앉아 공부할 정신도 없었고 설마 청음 등을 시험을 볼까 싶기도 하고 피아노만 연습했어요. 피아노도 베토벤 소나타 b^b, 쇼팽 녹턴, 힌데미트소나타 2번을 해야 해서 쉽지는 않았지만, 그런대로 연습이 되었어요. 막상 토요일 아침 8시부터 시험을 보기 시작하니 설마 했던 것이 사실이 되고 청음부터 시작했는데 처음에는 꽤 당황했어요. 학생은 나 외에 독일 남자 1명뿐이었어요. Zimmermann이라는 작곡과 교수님이 하시는데 몇 박자라고 말하는 것도 잘 못 알아들어 참 미안하기도 하고…… 하지만 다행히 잘할 수 있었어요. 처음 문제를 한 후에는 그래도 좀 자신이 생기고 1시간 동안 했는데 다음 계속되는 시험에 많은 도움이 된 것 같아 얼마나 감사했는지 몰라요. 화성학과 대위법을 1시간 반 안에 해야 해 대강대강 자리만 메웠답니다. 대위법도 학교에서 선생님과 했던 style이라 조금 마음이 놓였어요. 선생님께 감사드립니다.

시험이 끝나고 바로 교수님들이 모여 채점을 하고 구두시험에 들어갔어요. 교수님들이 매우 친절하셨지만, 하지만 왜 그리 생각이 안 나는지 부끄러웠어요.

아주 쉬운 것들을 물어보는데(예를 들면 현대 작곡가가 누구누구 있냐는 등)도 너무나 생각이 안 나요. 한심하다고 생각했을 것 같아요. 이제 학교 들어가서 떨어진 위신을 빨리 원상복귀시켜야겠다는 생각이 들었어요. 교수들끼리 서로 의논을 하는데 Schwierigkeit(어렵다) 하고 말하는 소리도 들리고 해서 걱정이 되었답니다.

그래도 계속 미소 작전을 쓴 덕분인지(아마도 몇 달 후에는 독일어를 훨씬 잘할 수 있을 거라고 한마디 했거든요) 저보고 나가 있다 들어오라더니 1년간 공부할 수 있는 자격을 우선 준다고 하더군요. 그리고 1년 후에 구두시험만 다시 치러 계속 공부할 수 있는지는 결정한다고 했어요. 어찌 됐건 한숨은 놓았어요. 조금 style 구기는 일이기는 하지만 제가 제 실력을 아는 이상(한심한 실력) 이렇게 된 것만도 얼마나 과분한 일인지요. 그렇지요?

저의 교수님은 Zimmermann이란 분이 되었어요. 그분이 저의 청음 실력을 인정했는지…… 아주 좋게 생기신 중년 남자분이에요. 50이 넘으신 것 같아요. 피아노 시험도 그럭저럭 보고요……

이제 3月 22日부터 학기가 시작된답니다. 저의 마음 같아서는 가을 학기부터 다니고 그전에는 독일어 공부를 했으면 했는데 이제 모든 것을 한꺼번에 함께 시작해야 할 처지가 되어 한동안은 조금 바쁘고 힘들 것 같답니다. 하지만 열심히 해서 그들에게 한국인의 좋은 이미지를 심어 주어야겠지요. 그리고 Zimmermann 교수님이 이건용 씨를 4년간 가르쳤다고 하니 한국인이 낯설지는 않은 것 같아요.

이곳은 기온이 별로 낮지 않아도 한국보다 춥게 느껴져요. 햇볕이 안 나서인지……

한국 날씨가 그립고……

워낙 도시가 커서 정이 들 수 있을지 모르겠어요. 제가 다니는 학교는 학생 수가 모두 600명 정도뿐이에요. 음악뿐 아니라 배우 무용도 포함해서랍니다. 규모가 작은 대신 수업은 알차다고 하는데 글쎄 아직은 모르지요. 작곡하는 학생은 5명뿐이고 이번에 저와 독일 남자애까지 합해서 7명이 되지요. 학생들이 작곡한다고 하면 모두 놀라요. 아주 힘들다나요…… 그동안 작곡과 학생은 2명을 만났었는데 아주 괴짜들이고 모두 열심이에요. 재주도 많은 것 같고요. 작곡과 교수는 Zimmermann과 Engelrmann(이분은 Jazz 분야에서 상당히 알려져 있다고 해요)과 그 외 3분이 있어 다섯 분 정도인 것 같아요. 학생은 모두 남자이고 여자는 저뿐이랍니다.

선생님! 이 편지를 받아보실 수 있을지요……

그래도 서울에서 배운 덕분에 공부도 안 하고 시험에 합격한 것 같아요. 이제 더 열심히 해야겠지요. 그럼 이만 줄여요. 서울에 가시거든 또 좋은 생활이 되시기를 바랍니다. 안녕히 계세요.

변희정 올림

선생님께

_le 2 Mars' 1982

Quinet 선생님께 lesson 갔다 왔어요.

Orchestration을 Debussy 곡으로 하라시는데 Beethoven 1곡 더 하기로 했어요. lesson 받는 순간순간 얼마나 선생님 생각 많이 나는지 몰라요. 선생님이 Quinet 선생님에 대해 해 주시던 말씀과 제가 뵙는 모습과 너무나 똑같아서요.

이번 주엔 'Belles accords'를 가르쳐 주시는데 가르쳐 주기 아주 아까운 보물을 조금 떼어 주시는 것 같은 표정이셨어요. 한쪽 눈을 감으시고 고개를 살래살래 흔드시면서 절대로 남에게 가르쳐 주지 말라고 신신당부하셨지요. 아주 아까운 보물을 떼어 주시고 그것을 받는 심정 선생님 이해하실 거예요. 하늘을 나는 기분이고 어떻게 하면 선생님이 만족하실 곡을 쓸 수 있을까 더 열심히 하겠다는 마음이 절로 들고……

아주 기분 좋은 맘에 드는 한 주였어요. 또 쓸게요. 안녕히……

혜리 드림

존경하는 이 선생님께 드립니다

_1982. 3. 18.

그동안 평안하신지요. 지난겨울 꼭 오실 줄 알고 만나 뵙기를 고대했었습니다. 선생님께서 안 계시니 제가 무척 서툰 마음뿐이어서 잘 안 되는 것 같아요.

다음 학기는 꼭 오시리라 기대해봅니다. 여성작곡가회는 지난번 음악회가 끝나고…… (program은 받으셨는지요?)

특히 선생님 작품 너무도 좋았습니다.

박은희 씨가 외워서 연주해 주셔서 더욱 좋은 음악회가 되었던 것 같습니다.

이번 음악회는 며칠 전 결정이 되었는데 4月 26日 7시 30분 역시 세종문화회관 소강당에서 갖기로 하고 결정되는 날 따님이 있는 곳에 전화로 연락을 드렸습니다. 연락받으신 줄 알고 작품 준비하시리라 믿습니다. 저도 게을러서 아직 준비가 안 되었고 모두 학기 초라 바쁘신 것 같습니다. 이번에는 두 번째니까 실수 없이 잘하리라 기대하지만 제가 꼼꼼하지 못하고 부족해서 잘 모르겠습니다.

매스컴과 많은 분이 의외로 좋은 반응을 보여 줘서 퍽 기대가 되나 무엇보다도 선생님께서 계셔서 모든 일이 추진되어야 할 것 같습니다. 그래도 많은 일을 모두 도와주셔서 그럭저럭 되어 나가는 것 같습니다.

여성 모임이라 관심이 많은데 작품의 수준 문제, 그에 따른 모든 수준이 뛰어나야 할 텐데, 기도할 뿐입니다.

선생님께서는 퍽 멋있게 지내시는 것 같습니다. 좋은 작품 쓰시어 보내 주시기를 빌면서 이제 자주 편지 드리려고 편지지 많이 사다 놓았어요. 좋은 말씀으로 도움 주시기를 바라며 하나님의 은총이 선생님 가정에 넘치기를 빕니다.

선생님을 사랑하는 이찬해 드림

제게 좋은 대학시절을 있게 지도해주신 선생님께
진심으로 감사드립니다.
학교에 들어오기 전 선생님께 매달리다시피 했던 날들이
엊그제 같은데 이젠 그 날들이 오히려 잊지 못할
추억이 되어 버렸습니다.
그동안 좋은 선생님. 존경하는 고마우신 선생님으로
항상 계셔 주셨는데 이제 이 모든 학교생활이
영원히 올 수 없다고 생각하니 마음이 알 수 없이
쓸쓸해 집니다.

선생님, 더욱 건강하시고
하시는 모든 일 더욱 보람과 번창 있으시길
항상 빌고 있겠습니다.

준수 올림.

지난 밤새
_3. 19. 1982

지난 밤새, 두 장의 오선지를 메우고 아침을 맞으며 다음 장을 넘겼을 때:

맨몸으로 드러난 새로운 오선지가 나를 참담하게 만든다.

"제기랄 말라비틀어진 작곡이나" …… 쫑알거리며 차 한 잔을 마시면 금세 가라앉고 만다. 팔자다

새 학기에도 선생님 방문은 여전히 잠긴 채이고, Campus에 봄기운이 하루하루 다르게 스미고 있습니다.

어떻게 지내시는지……

통 엽서 한 장 없고……

맨날 잘 퍼먹고 잘 자고…… 저는 그래요.

선생님은요? 가을에 오시나요? 어떻게 지내세요? 매일 바쁘게만?

재은이 언니 왔어요. 사은이 언니 영어시험 pass했고요. 3月 24日, 영어시험 있어요. 이제 영어, 영어…… 노래하는 게 제 차례가 됐나 봐요. 히.

선생님 또 편지 드릴게요

효신 올림

P.S: 사진 받으셨어요?

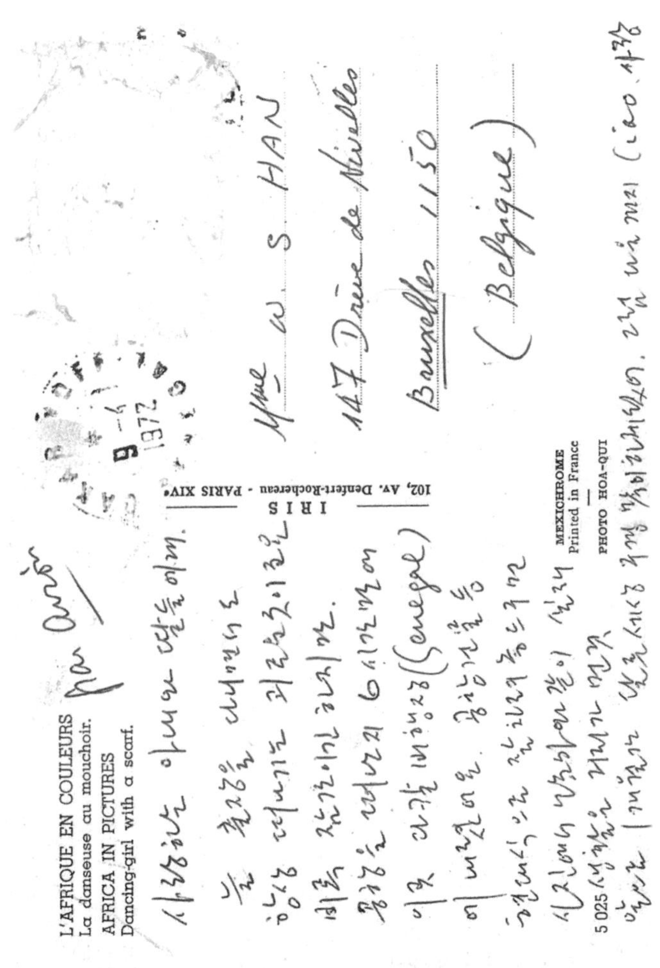

L'AFRIQUE EN COULEURS
La danseuse au mouchoir.
AFRICA IN PICTURES
Dancing-girl with a scarf.

par avion

사랑하는 아내와 딸들에게.

늘 출장을 다니면서도
항상 떠나기는 괴로운 것이로군요
비록 잠깐이긴 하지만.
공항을 떠난지 6시간 만에
이곳 다카르 비행장(Senegal)
에 내렸어요. 공항건물 등
현대식으로 잘 되어 좋드구먼
사진에서 보았던 같이 실지
생활은 거리가 먼것
같으오. 1개월간 달콤세상 구경 [illegible] 하게 됐어. 그럼 다음 까지 Ciao. 사랑

IRIS
102, Av. Denfert-Rochereau - PARIS XIV

9-4 1972

Mme W. S HAN
147 Drève de Nivelles
Bruxelles 1150
(Belgique)

MEXICHROME
Printed in France
PHOTO HOA-QUI
5 025

보고 싶은 이 선생님께

_일천구백팔십이년 삼월 스무아흐렛날

"쿵—"

이 소리는 제가 선생님 편지의 봉투에서 선생님의 young이란 글자를 본 순간 제 심장에서 난 소리입니다. 놀람이라 표현하기보단, 반가움, 그리움으로 표현하고 싶습니다. 어떻게 저의 글재주로 선생님께 소식과 감사함을 표현할지 걱정이 됩니다.

주신 글 사진 정말 감사합니다.

세 따님 특히 준영이가 어찌나 컸던지…… 우리가 대학 다니던 때가 7~8년 전이니까요. 선생님은 여전히 아름다우시고, 제가 3년 전 해운대에서 뵈었을 때보다 약간 나이 드신 듯하군요.

제 소식 전해 드리겠습니다.

2년 전 결혼하여 초롱이(저의 아들 이름)가 6개월입니다. 초롱이 아빠는 저의 어릴 때부터 친구라, 전혀 모르던 사람과의 결합보다는 결혼 생활이 훨씬 수월합니다. 저의 모든 걸 잘 이해해 주니까요. 나이도 저랑 같고요. 초롱이는 재롱이 한창인데 아마도 초롱이 웃음과 재롱 속에 하루하루를 지내고 있는 것 같습니다.

저는 지난해까지 나가던 경남대, 계명대는 다 그만두고(거리상으로 너무 멀고, 저도 선생이기에 앞서 엄마와 아내로서 역할이 더 중요할 것 같기에) 여기 부산의 「동주여전」에 4일 나가서 주당 15시간 강의합니다. 동주여전 학생들은 예시 성적은 그리 좋지 못해도 그 나름대로 열심히 하려고 해서 그나마 가르치는 보람이 있습니다. 또 내년도 대학 입시생들 몇 명 집에서 lesson해서 경제적으로도 많은 보탬도 되고, 종일 집안일로 바쁜 다른 아줌마들보다 훨씬 멋진(?) 초롱이 엄마입니다.

또 저의 그런 점을 초롱이 아빠도 무척 좋아하고요.

선생님,

저 18평짜리 아파트 샀어요.

사실 선생님 편지를 광안리 친정에서 여기로 이사 오기 이틀 전에 받았거든요. 곧장 답해 드려야 했는데 이삿짐 꾸리느라 정신이 없어서 선생님 편지는 제가 이사하면서도 아주 단단히 잘 갖고 왔거든요.

서민 아파트 5층 건물의 5층인데 아주 작지만, 제 서재도 오붓하게 꾸미고 30살이 넘어 시집간 딸 살림살이 준비해 주신 엄마의 정성이 가득한 여러 가지 그릇과 전기제품을 차곡차곡 정리해 놓으니 그럴 수 없이 기쁩니다.

여긴 초롱이 아빠 회사도, 제 학교도, 교회도, 시내도 모두 15~20분 정도(bus로)의 거리밖에 되지 않아 광안리에서 생활하기보다 여러 가지로 편리합니다. 단지 친정이 너무 먼 것밖에는

이사한 후 어제까지 정돈하느라 정신없이 바쁘고 오늘은 그런대로 정리되어 느긋하게 커피도 마시고, 선생님께 편지 쓰고 있습니다.

결혼하여 지금까지 친정에 있으면서 우리 나름대로 힘껏 저축하여 빚 안 내고 집을 사서 아버지 어머니도 얼마나 기뻐하셨는지

그런데 이사 전날, 전 이상야릇한 기분에 싸여 잠도 오지 않더니 이사한 그 날도 여러 가지 생각에 잠이 안 왔더랬는데 어젯밤에는 아버지, 엄마가 보고 싶어서 밤에 훌쩍훌쩍 울었더니, 초롱이 아빠가 "니가 지금 몇 살이고?" 하면서 막 배꼽을 잡고 웃더니, 내 우는 모습이 너무 재미있다면서 카메라로 사진을 찍지 않겠습니까? 아무래도 친정에 있을 때처럼 편할 수야 없겠지만, 자꾸만 오래 친정에 있을 수만도 없어서 이사를 나왔답니다.

정숙이랑은 자주 소식 전하고, 늘 변치 않고 지내고 있지요.

선생님.

저의 신랑에게 선생님 얘기를 얼마나 많이 했다고요.

가까이 계시면 설날에 우리 초롱이 데리고, 곱게 한복 차려입고 세배드리러 갈 겁니다.

우리 초롱이 우량아입니다. 정숙이가 "은애는 엉터리 엄마"라고 선생님께 편지했었죠? 요새는 아니에요.

이사 후로는 데리고 자면서 정말 엄마가 된 것을 피부로 느낀답니다. 요새 저희는 둘째를 가지나? 안 가지나? 고민 중입니다.

선생님 제 편지 재미있으세요?

목요일까지 정신없이 바쁘신 선생님께서 금요일쯤에 제 편지 받으시고 피로를 확 푸세요. 자주 소식 전해 드리겠습니다. 그럼 사부님도, 선생님도 거기 있는 따님들도 모두 건강하세요.

제자 은애 드림

뵙고 싶은 아빠 엄마 보세요

_4. 12(月) 1982.

엄마께선 여전히 바쁘시겠지요. 어제 받은 전화 듣고, 엄마 목소리가 이상하다는 걸 느꼈어요. 또 편찮으신지요? 아프시면 꼭 병원에 가시도록…

저는 지난주 화요일에 화요음악회를 무사히 마쳤어요. 성 때문에(한 씨) 11명 중 맨 끝으로 쳐서 애들 떨 땐 같이 떨었죠. 하지만 제 순서에선 정신집중을 해서 잘했어요. 어떤 4학년 언니는 "난이야 엄마 곡 선전하는 방법도 가지가지구나." 하잖아요. 하여간 이혜화, 최승현, 곽은수, 이영희, 김성복 선생님들 계시는 앞에서 쳤는데 선생님들께서 난이가 입학 시보다 소리도 예쁘고 음악 감정도 짙고… 등등 칭찬했어요. 또한, 엄마 곡이 얼마나 인기가 있었는지…

애들이 다 곡이 너무 예쁘고 아름답대요. 어떤 언니는 저더러 곡을 잘 선택했다고도 하고… 하여간 이대 음대 피아노과 안에서는 엄마 곡이 대성공이었어요. 김성복 선생님께서 딴 선생님들께 이젠 한국 작곡가들의 음악도 학생들한테 주자고 하셨대요. 제가 시초였지요. 엄마 곡 치길 잘했어요. 곽은수 선생님께서는 저더러 효녀가 따로 없대요. 무대 위에서 엄마 곡 치는 모습을 보니까 신통하대요. 히히… 〈너무 제 자랑만 해서 죄송합니다!〉

제 생일 때는 친구들과 용인 자연농원에 갔었죠. 거기서 어린애들이 타는 것 다 탔어요. (동심의 세계로 돌아가다…)

하여간 저는 한눈팔지 않고 학교 다니고, 집에서 공부 열심히 하니까 서울에 있는 큰딸 걱정일랑 전혀 하지 마세요. 몸 건강히 안녕히 계세요.

서울에서 난이 올림

존경하옵는 이 선생님께

_April. 19. 1982.

선생님께서 보내 주신 글월, 그리고 좋은 사진 다 잘 받았습니다. 선생님께 이번 4月 연주 관계에 대한 연락이 또 잘못되었군요. 하긴 서울에 있는 저희도 연주 날짜의 통보를 40일 정도 앞에 받았으니까요.

1년에 한 번 연주회를 하기로 정했고요. 우선 프로그램 뒷면에 내용대로 임원을 정했습니다. 선생님께서 귀국하시기 전까지는 제가 힘써보기로 했습니다.

이번 음악회 장소 대관까지는 이찬해 선생님께서 맡았고요, 음악회 프로그램 인쇄부터는 제가 맡아 했습니다. 선생님 편지를 좀 더 일찍 받았더라면 선생님 곡을 연주할 수 있었을 텐데, 이미 프로그램이 정해진 뒤여서 그날 추진되었습니다. 아무튼, 보람 있는 일로 생각되어 힘써볼 작정을 했으니까요.

다음부터는 선생님과 긴밀히 연락을 드리겠습니다. 신문사에서들 회장님 interview를 원하는데 선생님께서 귀국하셔야 더 활발해질 것입니다.

이번 여름 안으로 공보부에 등록을 해보려고 합니다. 구체적인 내용은 이번 음악회를 마친 뒤에 자세히 계획해서 연락드리겠습니다.

문예진흥원의 지원은 창립 5년이 지난 단체만 가능하다고 해서 걱정입니다.

경제적 문제가 큰 걱정이지요. 앞으로 회원도 모으고, ticket 값이 얼마나 걷힐는지 당분간은 어려운 살림이 될 것 같아요. 그런대로 모두 성의를 다하고 있으므로 잘될 것 같기도 해요.

음악회 결과 성과는 다음 편에 말씀드리겠어요.

지난해 프로그램을 함께 동봉하오니 참고로 보세요.

난필 용서하시길 빌며.

서울에서 경선 올림

90' April. 3.

이 선생님

시간이 어찌나 빨리 지나가는지, 벌써 4월이군요. 다시 바빠지셨죠? 어제 News에 귀환한 학생이 그곳을 거친 듯 하니, 얼마나 바쁘셨겠어요.

이성재 교수님은 선생님이 예견하신대로 회장이 되셨어요. 많은 나라가 이사를 교체시켜서 세대 교차가 되어 가는 느낌입니다. 日本에서는 Mayuzumi, 대북에서는 馬水龍, Honkong에서는 Richard 장, 필립핀에서는 Santos가 이사가 되었고, 호주. 한국. New Zealand는 그대로이고, 타이에서 1명 추가된 이사회에서 무기명 투표 하였답니다. 앞으로 한국위원회로 얼마간의 전통을 꽂으면 안정되겠지요.

선생님! 동봉한 서류가 좀 늦어서 죄송합니다. 하지만 좀 늦게 보내서로 큰 지장은 없을 듯하며 동봉합니다. 학생들이 어제서야 학교 본부 초청을 끝내서, 이제서야 마음이 한가 합니다.

저희 10주년 사업 중 하나인 CD 제작은 실무진들과 만나서 선경 SKC에서 제작해주기로 했습니다. 선생님께서 어느 작품을 하실지 알려 주시고, Tape이 잘 되어 있으면 Tape을 보내 주십시오. 아니면 악보를 보내 주십시오. 또 연락드리겠습니다. 건강하세요.

경선 올림

선생님

_1982

그동안 카드 한 장 못 드린 게으른 제자를 너그러이 봐 주세요. 저는 하는 일도, 실속도 없으면서 도대체 뭐가 그렇게 바쁜지 모르겠어요.

오늘 현숙이 언니가 선생님께서 보내 주신 사진과 편지를 보여 주기에 아차 하는 생각이 들었으니 저도 발동이 일찍 걸리는 편은 아니죠? 그 정도가 아니라 아주 늦게 걸린다고 하시면 저는 정말 면목이 없어요.

선생님, 그런데 얼굴이 굉장히 마르신 것 같아요. 소문에 의하면 다이어트를 하시는 것 같은데 지금이 딱 보기 좋으신 것 같으니 너무 무리하시지는 마세요.

선생님께서 안 계시니까 아무래도 저희는 원래부터 게으른 애들이 두 배쯤 더 게을러져서 큰일이에요. 물론 저희 하기 나름이지만 레슨 시간에 곡 쓴 것과 바르톡이나 스크랴빈 같은 현대 작곡가의 작품 분석을 병행하니까 무척 힘이 들어요. 분석은 이해도 잘 안 가고 봐도 모르겠어요.

선생님께서 원래 하시려던 대위법은 백병동 선생님께서 하루에 속강을 하셔요. 이래저래 선생님께서 안 계시니까 어딘가에 휑하게 구멍이 뚫린 것 같지 뭐예요.

저희는 3학년이 되어도 실력도 느는 것도 없이 매일 그렇고 그런 생활을 하다 보니 슬럼프 비슷한 걸 겪고 있답니다. 옛날에 미처 깨닫지 못하던 생활의 공허감과 빈약함을 느낄 때마다 앞으로 공부 좀 해야겠다고 벼르기는 하는데……

선생님께서 학교 다닐 때는 어떠셨어요? 선생님께선 오로지 공부에만 몰두하셨어요?

공부만 하기엔 너무 잡다한 것들이 저를 얽어매는 것 같아요.

그래서 주객이 전도되어 별로 열심히 안 하나 봐요.

선생님 너무 오래간만에 쓰려니까 괜히 죄지은 것 같고 죄송해서 뭐라고 써야 할지 모르겠어요.

선생님께서 옆에 계신 것 같아 말이 나오는 대로 쓰다 보니 좀 버릇없는 편지가 된 것 같아 용서를 구합니다. 앞으로는 자주 소식 드릴게요.

선생님 그럼 몸 건강히 안녕히 계세요.

홍나미 드림

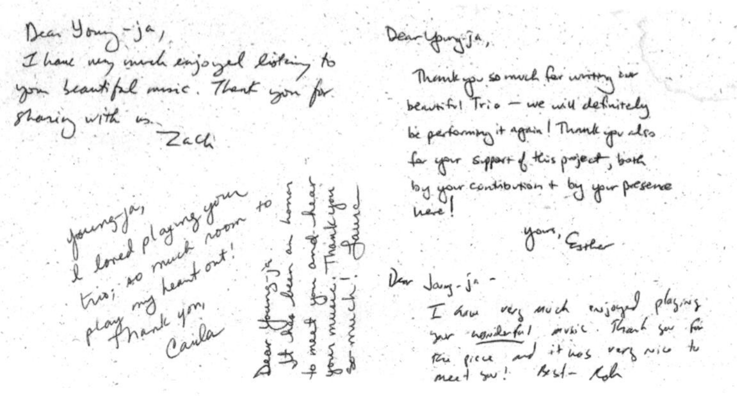

Dear Young-ja,
I have very much enjoyed listening to your beautiful music. Thank you for sharing with us.
Zach

Young-ja,
I loved playing your trio; so much room to play my heart out!
Thank you,
Carla

Dear Young-ja
It has been an honor to meet you and hear your music. Thank you so much!
Laura

Dear Young-ja,
Thank you so much for writing our beautiful Trio — we will definitely be performing it again! Thank you also for your support of this project, both by your contribution + by your presence here!
Yours, Esther

Dear Young-ja -
I have very much enjoyed playing your wonderful music. Thank you for the piece and it was very nice to meet you! Best–

英子 先生

_1982. 5. 3.

인제는 나이 들어 기력도 없어 편지 한마디 쓰는데도 이토록 어렵습니다.

집안이 평안하옵시고 大使님 내조하는 데도 척척 됐겠지요. 겨울방학에서 돌아온 난이가 木조각(걸작품) 가지고 방에 찾아와 감격했습니다.

불쌍한 오숙경이가 -말이 안 나옵니다. 생각나면 그의 명복을 빌 뿐입니다. 오숙경 얘기라면 영자 선생 앞에서 무어라 말하리오.

듣자니 2학기에는 Ewha의 길 잃은 양들을 인도하신다는데 참말이기를 바랍니다. 꼼사에게도 대사님에게도 안부 주시기를 바랍니다.

김재홍

고모님께

_1982. 5. 6.

고모 고모부님 그간 안녕하셨는지요. 은미 누나와 준영에겐 따로 편지 보냈어요. 여기는 모두 잘 있어요. 아버지께서 이번에 자카르타 다녀오시면서 신세가 많았다고 항상 감사하다고 말씀하셔요. 그리고 또 은미 누나와 준영이가 이렇게 착하고 예의가 바를 수 없다고 입버릇처럼 말씀하셔요. 거기에 비하면 우리는 영 아니라나요(어휴 열등감 나).

지금 저희 집은 엉망이에요. 방 하나는 바닥을 깨고 다시 온돌 파이프를 집어넣고 마당은 계단을 낸다고 다 부수고 게다가 필동 집에서 큰 나무들을 가져와서 심고… 복잡해 죽겠어요.

참 그곳은 그렇게 좋다면서요? 고모는 좋으시겠어요. 외출할 때는 딱 벤츠 280타고 집에서는 "가져와!" 한마디면 오만 가지 것을 다 가져오고…

나도 인도네시아 한 번 가봐야지!

요사이는 정말 너무 바쁜 생활을 하는 것 같아요. 물론 저만 그런 것은 아니지만 15일에 한 번씩 시험을 보니 쉴 새가 있어야죠. 체중 주는 소리가 "쭉쭉" 나는 것 같아요. 고모 살려 주세요. 사촌끼리 모일 때 보면 남자 같은 고모가 없어서 그런지 많이 허전해요. 고모의 그 큰 목소리도 듣고 싶고 얼굴도 보고 싶어요.

방학 때 아이들하고 꼭 오셔요. 플랭카드 들고 환영 할게요.

참! 고모가 말씀하신 대로 저의 신혼여행은 Bali섬으로 갈게요(낄낄).

그럼 안녕히 계세요.

중 3의 이재상 올림

Jakarta le 27.1.1993

POST CARD

STAMP

Chère Madame Young-Ja Lee,

P'ansori 'Sarang-ga' m'est un souvenir inoubliable. J'adore Young-Lan Choi la chanteuse et le joueur de changgo. J'espère revoir ces 2 musiciens remarkables à Seoul cette année.

Pour le prochain festival de ACL, j'aimerais présenter une pièce pour un percussionist et une autre pour piano. Ma pièce pour piano 'SVARA' est parmi le plus jouée (en France, Holland, Allemand et Indonésie) et de tous les pianists qui l'ont joué il y a une pianist indonesienne V.R. SUTANTO qui est le meilleur. Est-ce que vous voudriez bien nous inviter ?

Je vous serai très reconnaissant si vous pouviez me donner des information sur des musique Korean traditionnelle et contemporaine.

J'espère que tout va bien pour vous.

Fidelement,

SLAMET A. SJUKUR
KOMPL. DISKUM. AD. (1/3)
JL. MEDIA-MASSA
JAKARTA 13420 INDONESIA

WITH THE COMPLIMENTS OF THE DEPARTMENT OF INFORMATION, REPUBLIC OF INDONESIA

Pertunjukan wayang kulit, Jawa Tengah
"Wayang Kulit" shadow play in Central Java
معرض " وايانغ كوليت" من منطقة جاوا الوسطى
La représentation de "Wayang Kulit" (théâtre d'ombre) de la légende de Mahabarata

이 교수님께!

_le 27 Mai '82

후덥지근하더니 시원스레 한차례 소나기가 퍼부었습니다. 아침 저녁 선선하고 낮에는 비교적 좋은 날씨가 지속되는 편입니다. 선생님 뵈온 지도 벌써 2년이 넘었으니 세월이 빠름을 실감합니다. 지난주 금요일(21日) 화성학 중급 Bass와 Analyse 시험은 아침 8시부터 저녁 6시까지 보았습니다. 예전에 선생님께서 시험 보실 때 힘드셨다는 말씀이 실제로 부딪치고 보니 보통 일이 아니더군요. 10시간을 한참 씨름하다 보니 금방 지나갔고요. 이번 토요일 그러니까 모레에는 고급 Bass 문제를 보게 됩니다. 좋은 결과를 기다리면서 열심히 노력하겠습니다. 시험 보러 가는 날 아침에 7시경 혜리가 점심으로 먹으라며 김밥을 싸다 주어 너무너무 고마웠지요. 혜리가 생각했던 바와 달리 음식 솜씨가 무척 좋은 듯합니다. 얼른 공부 마치고 좋은 사람 만나기를 바랄 뿐입니다. 저는 7月 20日~25日경까지는 서울에 가 있으리라고 봅니다. 이곳은 7月 10~15日경에 떠나서 미국에 여동생이 엄마와 같이 온다고 하여 10日간만 들렀다가 갈 계획이지요. 명진 씨도 점점 혼자 지내기가 힘이 든 모양입니다. 선생님께서 9月 학기에 나오실 계획이 있으신지 궁금합니다. 아직 시험도 안 끝났고 결과도 모르기 때문에 선생님께 정확히 드릴 말씀이 없습니다.

선생님께서는 많은 작품 쓰셨겠지요.

대위법은 교수님께서 잘한다고 하십니다. 처음에 무척 어렵더니 좀 나아진 모양입니다.

언제 어디서나 건강하시고 지금의 젊음이 영원하기를 기원합니다. 대사님, 난이, 은미, 준영, 모든 분께 안부 전하여 주십시오.

또 쓰겠습니다.

조성희 드림

Message

이영자 회장님, 축하드립니다
훌륭하신 닮고 싶고
근면 성실을 실천하셔서 보여주신
이회장님, 앞으로도 건강과 축복이
가득하시기를 기원합니다
2019. 5.30 심미자 드림

선생님께

_1982. 6. 17.

그동안 안녕하셨는지요? 여름 기온이 기승을 부리고 땅과 초목은 비를 기다리고 있는 때예요. 지금 그곳은 이처럼 더울 거라고 생각하니 제가 덥다고 짜증을 낼 필요가 없어요.

선생님 오늘은 1학기 작품을 제출하고 (힘겹게) 집에 왔답니다.

지난 1月에 보내 주신 Card엔 선생님을 3月에 만나 뵐 줄 알았었는데… 이번엔 어떻게 될지….

너무 오랜만에 편지를 쓰려니 무슨 말부터 써야 될지 모르겠어요.

우선 현숙 언니, 정림이, 나미 모두 잘 있고요. 이젠 3학년이라 노티가 나요. 참 이번 학기에 장학금(20만 원, 이화 장학금)을 탔어요. 이번 2학기 때도 내보려고 하는데 될지 모르겠어요.

4月 8~10日까지 작곡과 4학년 졸업여행을 3학년들이 같이 따라가서 재미있게 놀고 왔어요. 비선대에 올라갔다가 내려올 때는 8~9명쯤 늦게 내려오다가 성두영 선생님께서 다래주, 감자전, 도토리묵을 사 주셔서 아주 맛있게 먹었어요. 그날 밤은 선생님을 졸라서 함께 Night Club을 생전 처음으로 갔었어요. 춤은 못 추지만 재미있게 놀았어요. 성두영 선생님께서는 여행을 와서 그냥 가지 말고 作曲을 하라 하셨지요. 그러나 어디 그렇게 되나요? (후후)

6月 13日에는 Paris에서 Henri Dutilleux라는 작곡가가 와서 특강

을 했어요. 성두영 선생님의 스승이래요. 성두영 선생님, 김홍인 선생님께서 통역을 해 주셨지요.

다음 학기엔 선생님께서 Fuga를 하신다고 시간표에 나와 있던데요. 어떻게 되실는지…

꼭 이번에 만나 뵙길 바라고 있답니다.

항상 건강하시고 모든 가족도 평안하시길 빕니다. 선생님 그럼 안녕히 계세요.

채미경 올림

선생님께!

저희들 인생에 있어 가장 영향을 주신 분들 중에서 부모님 다음으로 선생님을 꼽고 싶습니다. 음악을 통해 또 다른 것들을 통해서 배운 것들로 지금 살아가고 있지요. 길가에 꽃집의 소국화를 보면 '선생님이 제일 좋아 하시던 꽃인데…' 생각하고, 음악이라는 넓은 바다에 한 점이라 하시며 겸손하신 모습과 같이 떠올리기도 합니다.

매일 똑 같은 삶 속에서 선생님께 전화 한 번 돌릴 수 없는 각박하고 섭섭한 저희들을 용서하세요.

Just a note to thank you for your kindness.

사실 스승의 날보다 어버이날에 선생님이 생각났어요. (멀리 떨어져 있는 세 따님으로 인해서) 늘 당당하시고 열심히 사시는 모습을 보며 게을러 지기 쉽고 처지기 쉬운 제 자신을 선생님의 거울에 비춰 바로 세울 때도 있지요. 그 만큼 선생님을 사랑하고 있답니다.

선생님! 사랑해요. 채미경, 이정검 올림.

서울: 바람도 습기도 없는

_July. 7. 1982.

서울: 바람도 습기도 없는 정말 치사하게 더운 가문 계절

선생님

후배를 한 명 우연히 만났는데, 선생님이 며칠 전 서울에 오셨다고 해서: 오셨는데 전화 한 번 안 주시나…… 하며 혼자 삐쳤다 풀어졌다…… 했어요.

먼저 기쁜 소식 전합니다. 한국 작곡가협회에서 주는 신인작곡상(2등)을 받게 되었어요. 모레(July 9) 시상식 합니다.

선생님, 그리고 백 선생님께 감사하는 마음 그득합니다. 물론 그 상이 그리 큰 것도 중요한 것도 아닌 것은 알지만.

선생님 모두 궁금해하고, 많이 기다리고 있어요. 언제 오시나요? 아직은 미정?

그리고 열흘째 운전학원에 나가고 있어요. 재미도 있고, 겁도 나고, 힘도 들고…… 7月 20日경에는 시험을 볼까 하지만, 워낙 면허 따기가 어렵다니……

선생님 어떻게 지내시는지 너무너무 궁금해요. 더 바빠지셔서 편지도 안 주시는지……

여기저기 Apply하고, 영어 하고(지겹지만), 운전 배우고, 이번 주

말엔 여행 떠날 계획이고…… 덥다 덥다 하면서도 그냥 수월하게 지내고 있습니다. 아마 올 12월이나 내년 1월쯤엔 떠날 수 있으리라 생각합니다. 이제 더 이상 망설임 따윈 없고 원하는 대로 수월하게 세상 살 수 있을 것 같은 생각이 듭니다. 감사한 일이지요.

선생님 또 편지 드려도 되지요?

효신 드림

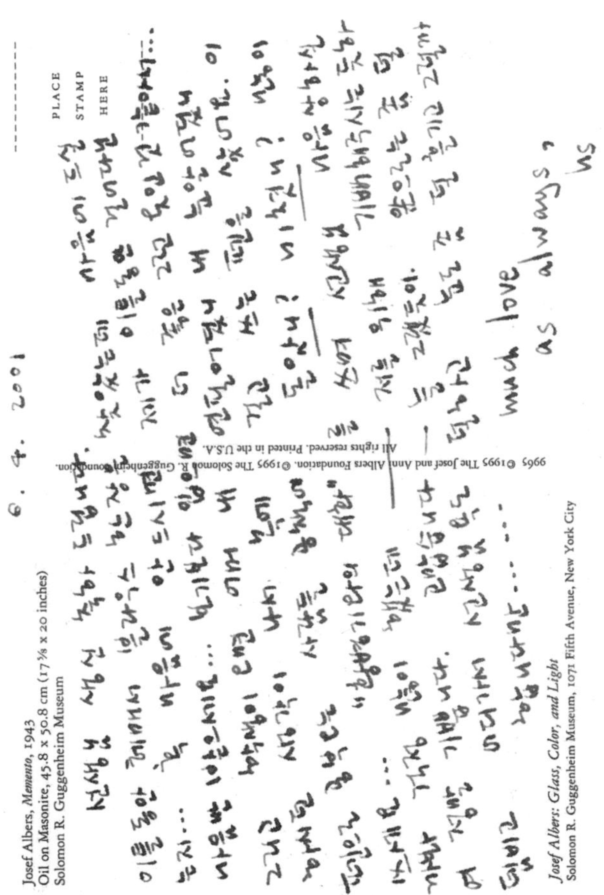

선생님 안녕하세요

_1982. 7. 28.

언젠가 card로 인사드리고, 이제야 소식을 드리는 것 용서하세요. 저는 5월 20일 혜원이랑 같은 날 결혼식을 올리고 5월 31일 미국으로 왔어요.

미국 유학은 제가 원하던 일이었지만, 갑자기 결혼까지 하게 된 것은 저도 예상치 못한 일이었어요. 다행히 함께 공부할 수 있을 것 같아요. 저희가 다닐 학교는 Texas에 있는 North Texas State Univ.라고 Dallas에서 30분 정도의 거리에 있는 Denton이라는 조그만 마을에 있는 주립대학이에요. 저의 남편은 이곳 Journalism Dept에서 광고학을 전공할 예정이고, 저는 Musicology를 하려고 해요. 오기 전까지는 잘 몰랐는데 와 보니 예상외로 음대가 크고 좋은 것 같아서 아직은 만족하고 있어요. 특히 Jazz는 미국에서 제일 좋다는데 아마 남부라는 지리적 조건 때문인 것 같아요. 다른 과들도 수준이 어느 정도 이상은 되는 것 같고, 크기로는 Indiana 다음으로 미국에선, 음대로는 크다고 해요. 특히 Piano과에 한동일 씨가 교수로 계셔서 한국에 대한 image도 꽤 좋은 것 같고요. 아직 등록은 하지 않았지만 제가 다닐 Musicology Coordinator가 얘기해 줘서 지난 7월 12일(second summer term)부터 교수님의 허락을 받고 음악사를 한 과목 청강하고 있어요. 영어만 좀 더 능숙해진다면 무난히 공부할 수 있을 것 같아요. 다만 결혼을 했으니, 선생님께서도 늘 말씀하셨듯이, 가정과 제 공부를 얼마나 잘 조화시킬 수 있을는지가 문제가 될 것 같아요.

그동안 희정이한테서도 소식을 받았는데, 이제 한 학기를 무사히 마치고 여름방학에 들어갔다고 해요. 희정이는 남모르는 능력이 있으니 잘해 내리라고 봐요. 저는 주로 Music History 쪽을 공부하게 될 것 같은데, 제 적성에는 맞을 거 같아서 열심히 해볼 작정이에요.

선생님께서 한국에 계셨더라면 인사도 드리고, 또 좋은 말씀도 많이 들을 수 있었을 텐데, 이렇게 편지로 소식을 전하게 되어 몹시 안타까움을 느껴요.

그곳 날씨도 몹시 무더울 텐데(이곳도 무척 더워요.) 가족 모두 더위에 건강하시길 빌며 다시 소식 전하겠어요.

안녕히 계세요.

제자 종숙 올림

Dec 24, 87

Dearest 아빠께,

Bonne Année

Joyeux Noël

Wishing you…
Holiday joy, holiday cheer,
And a whole lot of happiness
All through the year.

All the Best for the New Year!

성탄절 때 마쳐서 겨우 도착했네요… 즐거운 성탄절을 지내시고
새해에도 건강하시고 모든일이 뜻대로 이루어지도록 빌어요.
더욱 복 많이 받으시고 행복하시기를…
PS. 선물이 너무 약소하지만 정성으로
받아주세요. ☺

love,
은이올림.

이영자 선생님

_1982년 7월

보내 주신 서신은 반갑게 받아보았습니다. 답장이 늦어서 죄송합니다. 학교는 그럭저럭 아무 일 없이 교수님들이 다 잘 계신 것 같습니다. 소생도 염려해 주시는 덕택으로 잘 있습니다. 오숙경 선생이 타계한 것도 이제 한참이 되었습니다. 아직도 이 교내 어디엔가 있을 것만 같고 전화라도 통할 듯합니다. 유족이 800만 원을 「오숙경 장학금」으로 기탁하여 내 학기부터는 학생들에게 지급될 것입니다. 오 선생이 보던 책은 전부 음악도서관에 기증되어 있습니다.

예년이나 다름없이 교정의 꽃들은 피고 지고 합니다. 이영자 선생님의 방은 아마도 음대에서 제일 좋은 방으로 잡아놓고 주인 오기만 기다리고 있습니다.

현재는 시간강사들이 유용하게 사용하고 있습니다마는 아무쪼록 빨리 오셔서 교내에 다시 활기를 불어넣으시기 바랍니다. 그 전 교사보다 운치는 없습니다마는 속 시원하게 커서 좋고, 새집이라 깨끗하고 튼튼하여 교수들이 자기 방에서 연구하기가 좋습니다.

그쪽 일이 웬만하시면 2학기부터는 꼭 나오시기 바랍니다.

오늘은 이만 줄입니다.

서울에서 황병기 올림

선생님 그동안 안녕하셨습니까?

_1982. 10. 7.

재은이 시집가서 미국에 와 있습니다.

지금 New York에서 조금 떨어진 Stony Brock이라는 Long Island에서 신혼살림 차리고 있습니다. 정미로부터 소식을 물어본 결과 September부터 선생님 학교 오셨다고 하여 소식 한번 드리고 저의 목소리라도 들려드리고 싶었으나 공부하는 핑계로 무척이나 바쁜 하루하루를 보냅니다. 저는 내일 학교에 낼 Webern 음악의 paper를 쓰는 중 Ravel의 'Jeux D'eau'를 듣고 있자니 가을 날씨와 함께 선생님 생각이 가득하여 이렇게 글을 쓰기 시작하였습니다. 선생님이 키운 제자가 자기 발로 사회를 딛고 살아가려니 하시겠으나, 또한 자기 나름의 인생 history를 만들고 살려니 하시며 그 많은 이야기와 다 접하실 수는 없겠으나 저의 이야기가 전개돼 가는 것만은 꼭 들려드리고 싶었습니다.

그것은 다만 성취욕, 여자로서 Career라는 욕심으로서가 전혀 아니라 마치 많은 이야기를 어딘가 항상 돌아갈 수 있는 사람에게 털어놓고 싶은 심정이랄까요? 선생님으로서 어렵게만 알던 선생님을 좀 더 가까이 많은 情으로 같이 못 한 것이 참 아쉬운 밤입니다.

각설하고 저는 Michigan에서 돌아와 유치원 이후로부터 처음 학교라는 울타리를 벗어나 마냥 푹 쉬었고 2년 전에, New York으로 떠나는 지금 이분을 다시 만나 Date 하였고 특히 저의 다감한 면을 잘 보살펴 줄 것으로 믿고 같은 교우인 점과 무엇보다 둘이 2년 동안 서로를 많이 잊지 못한 점으로 쉽게 가까워질 수 있었던 것 같습니다. 이 사람은 정치학을 하고 원래는 심리학을 하여 서로서로 대화에서 많은 공감대가 있답니다. 물론 practical한 문제도 모르는 사람은 아니라! 저는 다만 믿고 따를 뿐입니다. 크게 Boundary를 치고 웬만한 것은 자기가 하고자 하는 대로 놔두고 큰 재목이 되기만을 바란답니다. 선생님 제가, 이 큰 재은이가 얼마나 애교가 있는지 상상이 안 되실 겁니다. 저도 많이 몰랐으니까요. 하여간 둘이 같이 공부에 들어가노니 살림이 말이 아닙니다. 이 사람과 제가 공부를 (Ph.D) 같이 끝내려고 노력 중이고 그때쯤 한국 나가서 뵙죠, 선생님 애기를 많이 하여 많이 친근해져 있고요.

이 학교는 마침 electronic Music에 facility가 미국 내에서 5째 안에 들고 Computer까지 갖춰져 그런 분야는 무척 좋습니다. 저는 지금 composition으로 career를 좀 더 쌓고 전자음악의 이론을 알아볼까 합니다. 선생님의 견해를 꼭 듣고 싶습니다. 너무 오랜만에 편지를 드리며 너무 많은 요구가 간 것 같습니다. 속 시원히 말씀드릴 분이라 생각되어 너무 그런 것 같습니다. 저의 어머님이 노처녀가 시집가 한시름 놓으셨습니다. 어찌나 좋아하시는지요. 언제 시간 나시면 저도 말씀드리겠으나 전화통화 한번 해주세요. 선생님 확실히 댁에 계시는 주말 시간을 알려 주시면 제 전화 한번 드리고 싶습니다. 여기 저희 결혼사진 동봉합니다. 언제나처럼 저희들 일 함께 기뻐해 주세요.

선생님 내내 건강하세요.

재은 올림

선생님께

_1982. 음력 8월 14일

선생님 그동안 안녕하신지요? 오랫동안 소식을 드리지 못했군요.

이곳 서울에는 완연한 가을로 하늘이 드높고 맑아요. 저녁의 노을에는 신의 조화를 실감하며 가끔 감상에 빠지곤 한답니다.

인생은 복잡하다고 말씀하신 선생님의 모습이 떠오르기도 하고요. 선생님은 어떻게 지내시는지 참 궁금하군요.

기다리던 답장도 안 주시고……

선생님! 저는 마지막 학기, 4학기 생입니다. 실감이 나질 않아요. 앞으로의 일에 대해서는 물론이고요. 실기하랴, 논문 쓰랴, 무척 바쁘고, 학교 조교 일이 쉽지 않게 힘이 드는군요. 그러나 그런대로 보람은 느껴요. 하루하루를 열심히 뛰어야겠지요.

참 은미, 준영이도 잘 있지요. 난이는 학교에서 자주 만나요. 학교에는 별일은 없고요. 과장 선생님 이하 새로 오신 강순미 선생님 모두 학문에 전념하시고요.

선생님 내년 새 학기 때에는 오시는지요. 선생님 방은 크고 참 좋아요. 새로운 건물이라 예술의 운치는 없지만요. 그런대로 갖출 건 다 갖추었어요.

저희 학년 학생들 기억하시죠? 저번에 문성희가 서울에 나왔다가 독일로 갔고요. 그 밖에 친구들도 선생님 안부를 묻더군요. 졸업해도 선생님 생각은 항상 난대요.

아! 내일이 추석이군요. 멀리서 명절을 맞이하면 고국의 식구들이 보고 싶겠지요. 때가 때인 만큼 사람을 상념에 잠기게 하고요.

선생님! 그러면 오실 때까지 안녕히 계십시오. 대사님께도 건강의 축복이 있으시길…….

유인선 올림

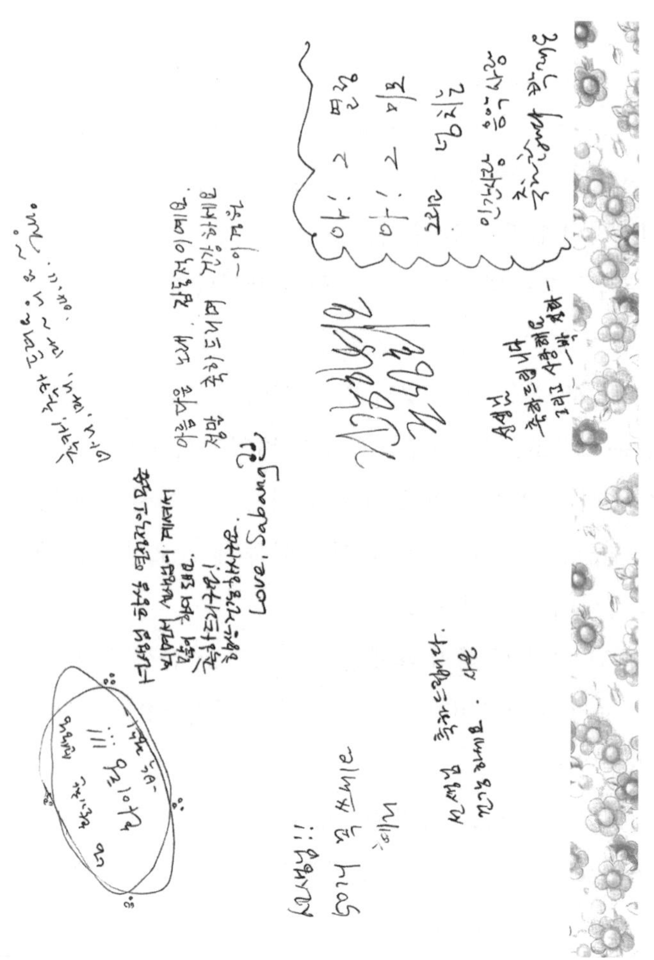

뵙고 싶은 선생님께

_1982. 10. 12.

정말로 뵙고 싶었고 어떻게 그동안 지내셨는지 늘 궁금했고 항상 생각했답니다. 편지 받고 너무나 반가웠고 고마웠습니다. 요즘은 편한(물론 항상 학생들에게 부대끼시고, 학교 일, 집안일로 바쁘시겠지만) 생활하시는지요.

함께 지냈던 지난 시간이 자꾸만 생각나고 지금도 뛰어가 선생님 도와드리고 뭔가 배우고 놀고 싶습니다. 항상 의논드리고 싶고, 이야기하고 싶은 선생님께 결혼 소식 전하지 못해 죄송스럽고 그간 몇 장의 편지를 적고도 부치지 못한 것은 정말로 서울에 계신지도 궁금했고……

신랑이 Art(원래 그림을 굉장히 그리고 싶어 하는데 여러 상황으로 Studio Art를 전공합니다.) 그림도 좀 배우고 공부도 좀 해야겠어요.

아무도 없는 빈집에 혼자 앉아 있으면 지난 시간이 끊임없이 눈앞을 스쳐 가곤 합니다. 선생님의 모습, 아무도 흉내 낼 수 없는 독특한 기분의 선생님 지하실 방이 무척 그립고 생각납니다. 신랑 학교 간 후 아무도 찾아오지 않고 아무도 아픈 날 돌봐주지 않는 곳에서 무척 외롭고 결국은 남는 것은 내 자신뿐이란 것을 실감했습니다. 결국은 부부라도 혼자, 내 자신을 이기는 것이 가장 중요한 것이라는 것을 더욱 느꼈습니다.

선생님 뵌 지도 81년 4월이었으니 1년 반도 넘는군요. 변하시지 않으셨죠? 가끔 보내 주셨던 사진을 꺼내 봅니다.

선생님, 항상 건강하시고, 참 요즘 그림 그리시는지요. 묵화도 많이 배우셨는지 궁금합니다.

지금 서울 가면 지하실 방이 또 다른 기분을 하고 있지 않은지 궁금해서 견딜 수 없군요. 항상 멋있는 선생님 모습 계속되길 바라면서 편지 자주 드리겠습니다. (그리고 한번 뵙고 싶군요…)

안녕히 계세요.

한경수 드림

BEOGRAD

9. 27.

난이. 은지. 준영 에게.

빠리에서 부친 card 받아 보았겠지? 그간 할머님, 어머니 다 잘 계시겠지? 아빠도 잘 지낸단다. 이곳 날씨 생각보다 따뜻하고 별다른 어려움도 없이 지낸다. 아직도 떠날려면 한달이나 더 있어야 하겠지. 준영이 발은 낫는지? 추석에 잘 지냈니? 그럼 또 쓸게. 잘 있거라.

벨그라드에서 아빠

TURISTIČKA ŠTAMPA - BEOGRAD

Miss. HAN grace
121-1 Banpo-dong
Kang Nam-Ku.
Seoul
KOREA

4161

AIRMAIL

이영자 선생님께

_October 13, 1982

뜻밖의 선생님 편지에 진정 반가웠습니다. 다소의 망설임과 함께.

화려한 듯 보이면서 항상 잃지 않으시는 사랑이 그립습니다.

이곳에 혼자 오게 된 것은 커다란 모험이었습니다. 아무 계산 없이 뛰어들었으니까요. 그러나 모든 것에 아무 애착 없이 새로 시작했기에 얻은 것은 물론 어두운 많은 시간을 통과해서, 신비로웠습니다.

선생님 더 이상 제 인생의 노예가 되지 않고 저를 위한 삶 그저 바라보면서, 사랑하면서 욕심 없이 살고 싶습니다.

선생님과 인연 되었던 학생 하나가 삶을 느끼고 싶어 -어쩔 수 없이 인생은 짧고 한 번뿐이니까요- 어려운 삶을 시작했다면 즐겁지 않으시겠어요?

제가 아니었던 삶에서 이제는 벗어나 저를 향한 삶을 원합니다. 그곳에 알지 못하지만 제가 원하던 답이 꼭 있으리라 봅니다. 인생이 한 걸음, 한 걸음 소중한 것을 이제야 느꼈다면 결코 늦은 것이 아닐 테죠?

선생님께 배우고 싶습니다.

어떻게 선생님의 색깔을 그 혼란의 시기에 지킬 수 있으셨는가? 선생님은 제게 첫 질문이 되었던 분이었죠.

저분은 흔히 보았던 엄마들과 다르다고 생각했던(간혹 차갑고 매서움 속에서도 어쩔 수 없이 흐르는 선생님의 사랑), 그것이 항상 기억에 있습니다. 더욱 따뜻한 Image를 소녀들에게 남겨 주세요. 그것밖에 남는 것이 없지 않아요?

저는 적어도 행복해지고 있다고 자신합니다(남들이 어떻게 느끼건). 이해하시죠?

가을의 신선함이 이곳에도 찾아오고 있습니다. 행복하셔요.

뉴욕에서 최정희 올림

큰 이모…

음악회가 끝나고 1주일이 지났는데, 아주 옛날 일 같기만 해요.

이제와서 시험곡 외우느라 정신이 없구요..

이번 음악회를 하는 동안 저에게 제일 큰 도움을 주신 분이 이모세요.

Dress도 이모 덕분에 너무 예쁘고 걱정없이 준비할 수 있었고, 여러가지 일들 신경 많이 써주시고, 또 무엇보다 이모 해 주시는 말씀들이 제 마음 속에 큰 의지가 되고 격려가 되어 주셨어요.

항상 너무나 감사드려요… 이번 음악회, 좋은 공부로 생각하고 열심히 노력할께요.

민영 올림..

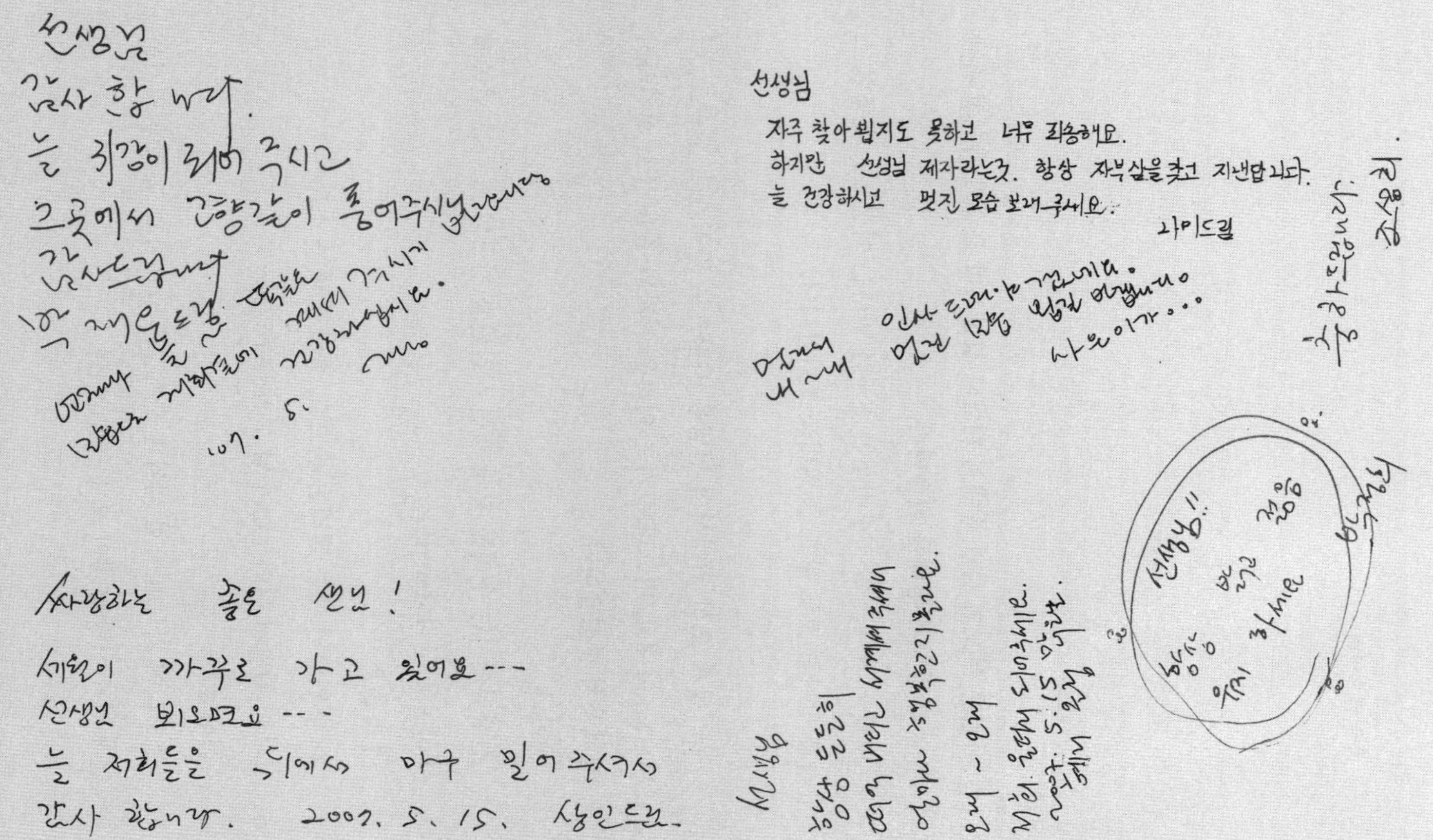
선생님
감사 합니다.
늘 귀감이 되어 주시고
선생님
자주 찾아뵙지도 못하고 너무 죄송해요.
하지만 선생님 제자라는것. 항상 자부심을 갖고 지낸답니다.
늘 건강하시고 멋진 모습 보여주세요.
라미드림
세월이 거꾸로 가고 있어요---
선생님 뵈오며요---
늘 저희들을 뒤에서 마구 밀어주셔서
감사 합니다. 2007. 5. 15. 상인드림

책을 맺으면서

사람은 부모의 사랑 속에서 태어나 성장하며 스승의 가르침 속에서 삶의 방향과 형태를 배웁니다.

배필을 만나는 일이나 진실한 친구를 만나는 이상으로 훌륭한 스승을 만나는 것도 삶에 큰 의미를 부여합니다.

우리에게 오선 위에서의 만남을 시작으로 작곡가로, 교수로, 어머니로, 아내로, 며느리로 가는 어려운 여자의 길을 몸소 실천하시며 깨우쳐 주셨습니다.

그러나

선생님께서는 우리들 곁에 계신 시간만큼 지구의 또 다른 한쪽에서 고국을 그리셨습니다.

우리들은…….

대학 일학년 때는 떨리는 손으로, 졸업할 때는 소복이 쌓인 고민거리로, 엄마가 되어서는 푸념 섞인 넋두리로…….

선생님은…….

소쿠리에 가득 따끔한 채찍과 꾸지람을 담으시고 그 위에 뜨거운 열과 정과 사랑을 쌓아 보내주셨습니다.

그리고 40년이란 긴 세월 속에서 곱게 간직되어 온 수많은 이야기들을 여기 조심스레 풀어놓고자 함은 선생님이 우리에게 쏟아주신 크신 사랑을 이웃과 함께 나누어 더 풍요로워지고픈 소박한 바람에서입니다.

이 책에는 300통이 넘는 사랑 가득한 이야기가 담겨있습니다.

그 글들은 아무런 윤색이나 미화도, 덧붙임도 생략도 없이 서툰 모습 그대로를 옮긴 것입니다. 그곳에는 전혀 갈거나 닦이지 않은 원석의 순수함과 소박한 부끄러움이 있습니다.

이 속에서 우리는 선생님을 향한 모든 이의 따스한 사랑과 우리에 대한 선생님의 훈훈한 정을 느낍니다.

그리고 이 어려운 시기를 살고 있는 우리들의 삶의 방향에 보탬이 되어지기를 바랍니다.

긴 세월 동안 우리들의 순수한 꿈과 사랑이 담긴 촌스럽기 짝이 없는 글도 아닌 글을 간직해주신 선생님께 깊은 감사를 드립니다.

음악으로도 글로도 표현되지 않는 무한한 사랑과 존경의 마음을 이 작은 책과 더불어 선생님께 드립니다.

1991년 제자 일동 드림

亞洲作曲家聯盟大會暨音樂節 5月22~28日
ONFERENCE AND FESTIVAL OF ACL
서초수필문학 출판 기념회